오토데스크 스케치북으로 시작하는

자신 있어
아이패드&갤럭시 탭
드로잉

이솔기 지음

중앙books

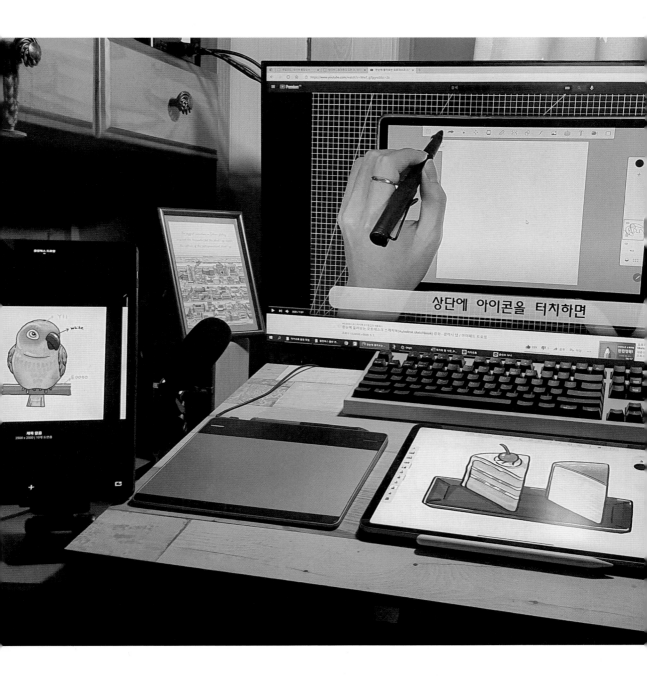

작가의 말

'디지털 드로잉'이라는 말이 낯선 분들이 많을 겁니다. 하지만 아이패드 드로잉이나 갤럭시 탭 드로잉이라고 하면 무엇을 말하는지 쉽게 이해가 될 것 같은데요. 사실 이런 디지털 드로잉은 꽤 예전부터 있었던 작업 방식입니다. 타블렛을 따로 구매해야 하는 번거로움이 있고 비용적인 부담 또한 상당했기 때문에 일반인들이 취미용으로 사용하기보다는 웹툰 작가나 일러스트레이터 같은 전문직 종사자들이 많이 사용하곤 했지요.

하지만 요즘은 일반인들도 태블릿PC, 노트북, 스마트폰 중 하나쯤은 꼭 가지고 있을 정도로 보편화되어 어쩌면 일상에서 가장 자주 접하는 물건이 되었습니다. 게다가 디지털 기기의 성능이 날로 향상되면서 메모지, 카메라, 가계부 등 다양한 기능을 갖추고 있어 디지털 기기 하나로 다양한 작업을 진행할 수 있는 편리한 시대이지요.

드로잉도 마찬가지입니다. 종이와 연필, 붓, 물감 등 여러 개의 준비물 없이 디지털 기기와 터치펜 하나만 있으면 언제 어디서든 그림을 그리고, 완성도 높은 그림을 뚝딱 만들어 낼 수 있지요. 특히 갑작스레 우리를 찾아온 코로나19 여파로 많은 사람이 집에서 즐길 수 있는 취미생활을 찾으면서 '디지털 드로잉'에 대한 인기는 날로 높아지고 있습니다.

이 책은 그런 분들을 위해 만들어졌습니다. 집에 있는 디지털 기기를 활용하여 나만의 취미생활을 즐기고 싶은 사람, 드로잉 실력은 꽝이지만 예쁜 그림을 그려보고 싶은 사람… 드로잉을 쉽고 편리하게 즐기고 싶은 모든 분들을 위한 드로잉 가이드북입니다.

동그라미, 네모, 세모만 그릴 수 있다면 누구나 그럴싸한 그림을 그릴 수 있도록, 알기 쉬운 설명과 편리한 드로잉 팁을 아낌없이 소개합니다. 자, 이제 디지털 드로잉의 세계로 빠져 봅시다.

2021년 4월 따스한 봄날

이솔기

이 책 보는 법

- 이 책은 '오토데스크 스케치북'이라는 드로잉 프로그램을 기준으로 제작되었습니다. 프로그램 버전에 따라 또는 사용하는 디지털 기기에 따라 일부 구성 화면이나 내용이 책 속 이미지와 다를 수도 있습니다. 이 점 참고 바랍니다.

- 2021년 7월부터 '오토데스크 스케치북'의 소유권이 Sketchbook, Inc.으로 변경됨에 따라 프로그램의 이름이 '스케치북(SketchBook)'으로 변경되었습니다. 소유권 변경 또는 프로그램의 업그레이드 여부에 따라 일부 기능이 책에서 소개하는 내용과 다를 수 있습니다. 자세한 설명은 오른쪽 QR코드를 인식하여 영상을 참고해 주세요.
영상으로 보기

- 이 책은 아이패드 실행 기준으로 소개하고 있습니다만, 갤럭시 탭, 스마트폰, PC에서 실행할 때 알고 있으면 좋은 정보도 함께 소개합니다.

- 책 속 내용에 대한 문의사항은 저자 이메일(thfrl0209@gmail.com)로 연락 주시면 감사하겠습니다.

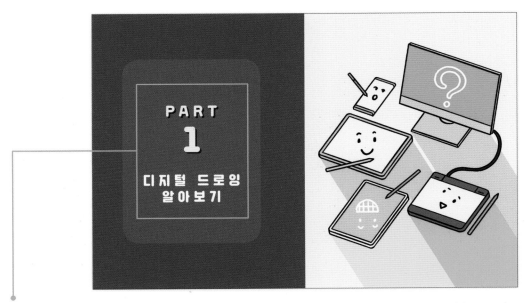

PART
1
디지털 드로잉
알아보기

총 4개의 파트로 구성돼 있습니다. 파트1에서는 '디지털 드로잉' 초심자를 위한 전반적인 개념 설명을, 파트2에서는 드로잉 프로그램인 '오토데스크 스케치북'에 대한 사용법을 소개합니다. 본격 드로잉이 시작되는 파트3에서는 '문구, 동물, 과일, 카페, 주방용품, 랜드마크, 음식' 등 총 7개의 카테고리로 분류하여 그림을 차례차례 그려봅니다. 파트4에서는 좀 더 난이도 높은 드로잉 기술과 자신의 그림을 활용해 굿즈 만드는 방법을 소개합니다.

드로잉 과정 중 알아두면 편리한 드로잉 팁을 소개합니다.

드로잉에 사용할 브러시 종류와 색상 (COPIC 기준) 코드를 소개합니다.

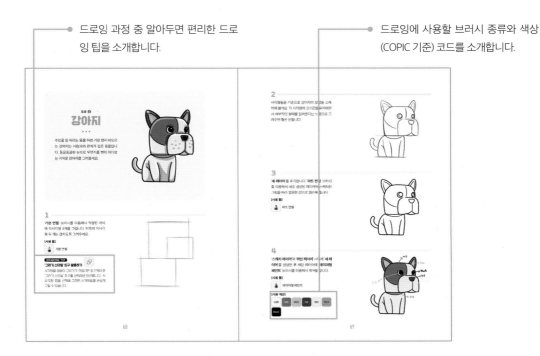

드로잉 기술을 보다 다양하게 구사할 수 있는 방법을 소개합니다.

목차

PART

1

디지털 드로잉
알아보기

디지털 드로잉이
무엇인가요?

일반적으로 드로잉이라고 하면 종이 위에 연필이나 펜을 이용해 그림을 그리는 모습을 떠올리는데요. 디지털 드로잉은 연필과 펜, 종이가 아닌 태블릿과 디지타이저(Digitizer) 펜을 이용해 그림을 그리는 것을 말합니다. 연필과 펜, 종이를 따로 들고 다녀야 할 뿐만 아니라 색을 입혀주고 싶을 때에는 부가적인 재료도 가지고 다녀야 하는 '아날로그 드로잉'에 비해 디지털 기기만 들고 다니면 되기 때문에 간편하고, 언제 어디서나 작업이 가능해 공간의 제약도 거의 없어 편리합니다.

디지털 드로잉은
이런 사람에게
좋아요

✓ 취미로 그림을 그려보고 싶지만 그림에는 영 재주가 없다고 생각하는 사람

✓ 집에 방치된 디지털 기기를 의미 있게 활용해 보고 싶은 사람

✓ 아이패드나 갤럭시 탭을 샀는데 어떻게 활용해야 할지 모르겠는 사람

✓ 배경화면, 카드 등 내 손으로 직접 굿즈를 만들어 보고 싶은 사람

디지털 드로잉,
이런 점이 좋아요

언제 어디서나 가능해요

디지털 기기만 있으면 언제 어디서든 그림을 그릴 수 있어요. 연필, 지우개, 스케치북, 채색 도구 등 들고 다녀야 하는 준비물이 많은 일반 드로잉과는 달리 태블릿과 디지타이저 펜만 들고 다니면 되기 때문에 휴대성이 매우 좋습니다.

추가 비용이 들지 않아요

일반 드로잉의 경우, 다양한 드로잉 기법이나 색을 내기 위해 계속해서 추가로 필요한 도구들이 생기는 반면 디지털 드로잉은 태블릿과 디지타이저 펜만 준비하면 추가로 필요한 준비물이 없습니다. 드로잉 프로그램 안에 다양한 질감의 브러시 툴과 색 조합 기능 등으로 얼마든지 다양한 드로잉 기법을 적용할 수 있기 때문이지요. 펜이나 붓, 물감 등 드로잉을 할수록 추가 비용이 발생하는 일반 드로잉과는 달리 추가로 드는 금액이 없어요.

그림에 소질이 없어도 누구나 즐길 수 있어요

그림을 그리고는 싶지만, 소질이 없어 걱정이라면? 주저하지 말고 디지털 드로잉을 시작해 보세요. 펜 터치 하나만으로도 펜 드로잉, 수채화 효과 등 다양한 드로잉 기법을 구사할 수 있어 소질에 상관없이 누구나 쉽게 즐길 수 있습니다.

수정이 용이해요

펜과 종이, 물감으로 그림을 그릴 때에는 선을 조금만 잘못 그리거나 색을 잘못 칠한 경우 수정이 불가합니다. 다시 새 종이를 꺼내 처음부터 다시 그려야 하지요. 참으로 허무한 일이 아닐 수 없습니다. 디지털 드로잉은 의도한 대로 그려지지 않았을 때 'Delete'(삭제) 버튼 또는 'Ctrl+Z'(되돌리기) 단축키 하나면 덧칠을 하거나 새로 그릴 필요 없이 바로 이전 단계로 돌아갈 수 있습니다. 그림을 그리는 시간도 단축시켜 주는 고마운 기능이지요.

디지털 드로잉
이런 점이 나빠요

꽤 큰 초기 비용이 부담스러울 수 있어요

디지털 드로잉은 새로운 붓이나 물감을 사야 하는 등 추가로 발생하는 비용은 거의 없지만, 드로잉을 시작하기에 앞서 디지털 기기를 마련해야 하는 초기 비용이 비싼 편입니다. 마침 쓰지 않는 공기계가 있었다면 더없이 좋지만, 디지털 드로잉을 시작하고 싶은데 기기가 없다면 구입이 필요합니다. 디지털 기기는 연필이나 펜, 스케치북 등 일반 드로잉 도구들과는 달리 가격대가 다소 높은 편이기 때문에 초기 비용이 부담스럽다는 단점이 있습니다. 가장 좋은 건 집 안 구석에 하나쯤 있는 디지털 기기를 활용하는 것입니다.

자연스러운 느낌이 적어요

섬세한 붓터치나 덧칠 등 손그림에서 표현할 수 있는 아날로그적인 감성을 표현하기 어렵다는 단점이 있습니다. 하지만, 드로잉 기술이 늘면 손그림 못지 않은 섬세한 느낌을 표현할 수 있답니다.

프로그램이나 애플리케이션 사용법을 따로 배워야 해요

우리가 일반적으로 그리는 종이와 연필은 익숙한 도구들이기 때문에 사용하는 데 큰 문제가 없지만 디지털 드로잉은 그림을 그리기 위해선 그림을 그리는 프로그램이나 애플리케이션의 사용법을 따로 배워야 합니다. 종이와는 다른 '액정의 이질감'과 더불어서 '툴의 사용법'을 숙지하고 익혀야 머릿속에서 상상하는 이미지대로 그려낼 수 있지요. '아날로그 드로잉'과는 다르게, '적응' 기간이 필요합니다.

태블릿, 스마트폰 / 디지타이저 펜 / 스케치북 어플

디지털 드로잉은 무엇으로 하나요?

디지털 드로잉을 하기 위해서는 디지털 기기와 드로잉을 할 수 있는 프로그램이 필요합니다.

1 디지털 기기

태블릿PC 애플 아이패드(iPad) 시리즈, 삼성 갤럭시 탭(Galaxy Tab) 시리즈, 마이크로소프트 서피스(Surface) 시리즈

스마트폰 갤럭시 노트(Galaxy Note) 시리즈

PC 별도 타블렛 구매 필요

★ 주의사항 : 이름이 같은 아이패드&갤럭시 탭이라고 해도 '필압이 먹는 터치펜'이 지원되는 모델은 따로 있습니다. 해당 모델을 구매할 때 반드시 펜이 지원되는 모델인지 확인 후 구매하는 것을 잊지 마세요.

> **DRAWING TIP** 태블릿? 타블렛?
>
> 태블릿(Tablet)과 타블렛(Tablet). 영문 표기는 같지만 서로 다른 기기를 말합니다. 태블릿은 아이패드나 갤럭시 탭 등과 같은 태블릿PC를 말하고, 타블렛은 PC에 연결하여 그림을 그릴 수 있도록 하는 그래픽 기기를 말합니다. 타블렛은 마우스 패드 같은 모양을 한 판형과 액정에 직접 그림을 그리는 액정형 등이 있습니다.

2 디지타이저 펜(터치펜)

디지타이저(Digitizer)란 그림이나 도형 등의 아날로그 데이터를 디지털 형식으로 변환하는 IT 장치입니다. 대부분 평면으로 된 판과 펜 모양의 기구로 되어 있는데, 스마트폰이나 태블릿PC 등이 여기에 해당됩니다. 평면으로 된 판 위에서 손가락이나 펜으로 모양을 그리면 디지털로 형식을 변환하여 저장되는 형식입니다. 간단한 모양은 손가락 터치로도 가능하지만, 드로잉을 위해서는 디지타이저 펜이 반드시 필요합니다. 스마트폰이나 태블릿PC가 종이라면 디지타이저 펜은 연필이나 펜을 대체하는 도구인 것이죠. 디지타이저 펜은 '터치펜'이라고 부르기도 합니다. 다양한 브랜드의 디지타이저 펜이 있지만, 애플펜슬이나 S펜, 서피스펜 같은 압력 감지가 지원되는 터치펜이 아닌 일반 정전식 터치펜의 경우 드로잉 애플리케이션에서 동작하지 않는 기능이 있기 때문에 반드시 구입 전 압력 감지가 지원되는 터치펜인지 확인해야 합니다.

DRAWING TIP 디지털 기기와 동일 브랜드의 정품 펜을 사용하세요

보통 아이패드는 애플펜슬, 갤럭시 탭/갤럭시 노트는 S펜, 마이크로소프트 서피스는 서피스펜이 쓰이는데, 각 제조사마다의 정품 펜(애플펜슬, S펜, 서피스펜)을 제외하면 대부분 정전식 터치펜으로서 필압이 먹지 않습니다. 가급적이면 디지털 기기와 동일 브랜드의 정품 펜을 사용하는 것을 추천합니다.

3 드로잉 프로그램(또는 애플리케이션)

같은 연필이나 붓, 물감이어도 브랜드 별로 다른 느낌을 내듯이, 디지털 드로잉도 프로그램(또는 애플리케이션) 별로 다양한 기법이나 효과를 낼 수 있습니다. 심지어 프로그램에 따라 유료인 경우가 있고 무료로 사용이 가능한 경우도 있어 자신에게 적합한 드로잉 프로그램이 무엇인지 알아보고 결정하는 것이 좋습니다. 대표적인 드로잉 프로그램과 각각의 장단점을 소개합니다.

오토데스크 스케치북 Autodesk Sketchbook

장점 구성이 단순해 파악이 용이하고, 난이도가 쉬운 편이다.
단점 다양한 편집 기능이 부족한 편이다.
가격 무료

프로크리에이트 Procreate

장점 폭넓은 편집 도구들을 바탕으로 다양한 작업 진행 가능하다.
단점 iOS, iPad OS만 지원한다.
가격 유료(12,000원)

메디방 페인트 MediBang Paint

장점 웹툰이나 컷만화를 그리는 데 필요한 도구들의 구성이 구비가 잘되어 있다.
단점 기본 브러시의 종류가 부족한 편이다(추가적인 브러시 세팅 필요).
가격 유/무료 모두 가능(무료 버전의 경우 광고가 계속하여 등장함)

인피니트 페인터 Infinite painter

장점 손으로 그리는 듯한 브러시 느낌을 표현할 수 있다.
단점 애플리케이션이 무겁고 불안정한 편이다.
가격 유/무료 모두 가능(무료 버전의 경우 기능이 제한됨)

PART
2

오토데스크
스케치북
알아보기

오토데스크
스케치북이란?

파트1에서 소개한 것처럼 디지털 드로잉 프로그램은 다양합니다. 프로그램마다 특징도 다르고 각각의 장단점이 있는데, 이 책에서는 오토데스크 스케치북 (Autodesk Sketchbook)을 이용한 드로잉 방법을 소개합니다. 오토데스크 스케치북은 아이패드, 갤럭시 탭, 스마트폰, 컴퓨터 등 웬만한 디지털 기기에서 모두 사용이 가능하며, 무엇보다도 2018년부터 무료로 전환되어 누구나 쉽게 이용할 수 있습니다. 생애 첫 디지털 드로잉을 시작하는 사람들, 취미생활로 가볍게 디지털 드로잉을 하고 싶은 사람들이 부담없이 즐길 수 있는 드로잉 프로그램입니다.

PC로 사용할 경우 공식 홈페이지를 통해 설치 파일을 다운로드받고, 스마트폰이나 태블릿PC는 앱 스토어(App Store)나 구글 플레이(Google Play)를 통해 애플리케이션을 다운로드받아 사용합니다.

오토데스크 스케치북 공식 홈페이지 https://sketchbook.com/

오토데스크 스케치북, 무엇이 좋은가요?

✓ 무료로 사용이 가능합니다.

✓ iOS(아이패드, 아이폰), 안드로이드(갤럭시) 모두 사용 가능합니다.

✓ 아이패드, 갤럭시 탭, 스마트폰, PC 등 다양한 디지털 기기로 호환이 가능합니다.

✓ 메뉴 구성이 단순하여 초보자들도 쉽게 사용할 수 있습니다.

✓ 스트로크, 대칭, 140개 이상의 기본 브러시 등 편리한 드로잉 툴을 제공합니다.

사용하는 기기에 따라 배치가 조금씩 달라요

태블릿PC인지 스마트폰인지에 따라 실행 화면이 살짝 다릅니다. Windows이냐, MacOS이냐에 따라서도 실행 화면이 살짝 다르지요. 하지만, 도구들의 배치만 다른 것일 뿐 기능에는 전혀 차이가 없으니 안심하고 사용하세요.

아이패드 실행 화면

갤럭시 탭 실행 화면

갤럭시 노트 실행 화면

PC 실행 화면

PC(윈도우 10 버전) 실행 화면

오토데스크 스케치북 시작하기

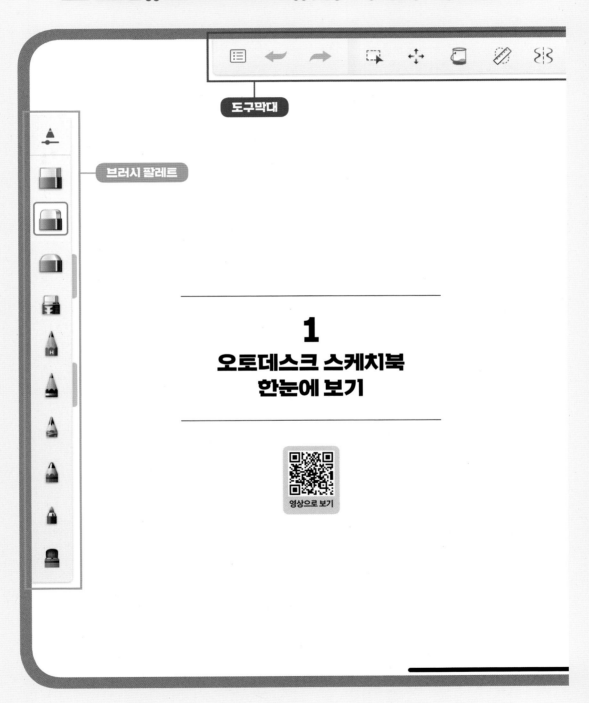

도구막대

브러시 팔레트

1
오토데스크 스케치북
한눈에 보기

영상으로 보기

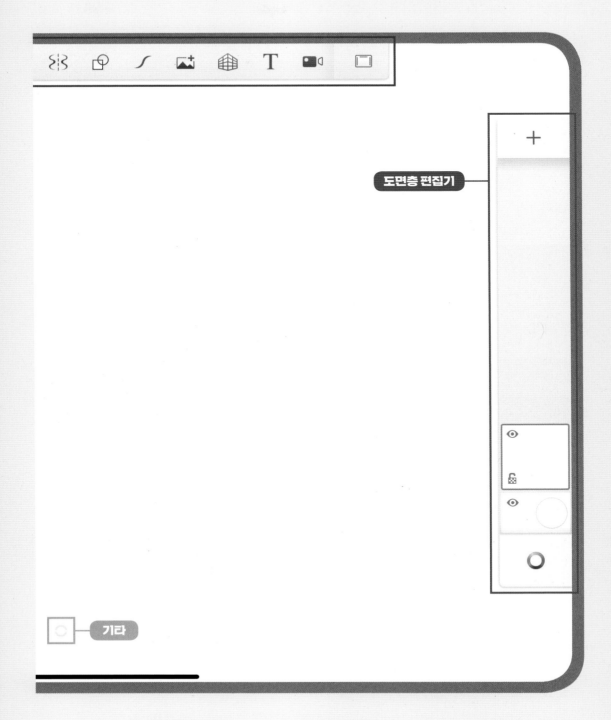

도면층 편집기

기타

CLICK

❶ ❷ ❸

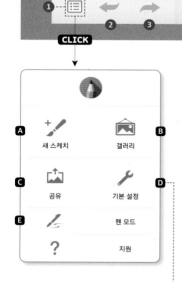

Ⓐ 새 스케치

Ⓑ 갤러리

Ⓒ 공유

Ⓓ 기본 설정

Ⓔ 펜 모드

? 지원

❶ 주 메뉴

새 캔버스 만들기, 갤러리로 나가기, 그림 공유하기 등 현재 진행 중인 그림을 '어떻게' 할 것인지 선택할 수 있습니다. 클릭하면 왼쪽 그림과 같은 화면이 뜹니다.

Ⓐ 새 스케치 : 새 캔버스를 생성합니다.

Ⓑ 갤러리 : 드로잉한 그림 내역을 스케치북상에 저장된 채로 볼 수 있는 탭입니다.

Ⓒ 공유 : 드로잉한 그림을 디지털 기기 갤러리에 저장하거나 외부로 공유합니다.

Ⓓ 기본 설정 : 애플리케이션의 기본적인 작동을 설정합니다.

Ⓔ 펜 모드 : 디지타이저 펜을 사용하는 경우 펜을 제외한 다른 요소(손가락, 손날 등)로 인해 브러시가 작동하여 그림이 그려지지 않게끔 설정하는 탭입니다. 일부 기기에서는 기본 설정 코너로 들어가서 펜 모드 항목을 활성화해야 합니다. PC 모드에서는 도구 막대 오른쪽에 있는 펜 모드 아이콘을 클릭하면 됩니다.

> **DRAWING TIP** '기본 설정'에서 추가하면 편리해요
>
> 대부분 '기본 설정'에 체크된 항목을 그대로 두어도 드로잉 작업에 무리가 없습니다. 하지만, 좀 더 편리한 작업을 위해 일부 기능을 활성화해 줄 필요가 있어요.

☑ **탭한 후 계속 눌러 선택기 이용**

색 선택기(스포이드) 기능을 편리하게 쓰고 싶다면, '탭한 후 계속 눌러 색 선택기 이용' 항목을 체크 또는 활성화해줍니다.

> **DRAWING TIP**
> **스마트폰 사용자라면**
>
> 스마트폰과 태블릿PC 버전의 실행 차이에 대해 자세하게 알아보고 싶다면, 아래 QR코드를 인식하여 영상을 참고해 주세요.
>
>
> 영상으로 보기

제품 개선에 참여 ⬤

사용 현황 데이터의 수집을 승인합니다.

툴팁 표시 ⬤

탭한 후 계속 눌러 색 선택기 이용 ⬤

캔버스 회전 ⬤

CLICK

❷ **취소하기** 진행한 작업을 취소합니다.

❸ **다시 실행** 취소한 작업을 다시 되돌립니다.

❹ **선택** 그린 영역 중 특정 영역을 지정합니다.

❺ **이동** 현재 레이어에 그린 그림 또는 선택 영역의 위치를 이동하거나 크기 및 형태를 변형합니다.

❻ **채우기** 특정 영역의 색을 채웁니다.

❼ **가이드** 직선, 곡선, 타원 모양의 눈금자 중 선택해 자 모양에 맞추어 선을 그릴 수 있습니다.

❽ **대칭** 가로, 세로, 방사형 등 다양한 선 대칭 축을 이용하여 데칼코마니, 패턴 같은 작업을 진행합니다.

❾ **그리기 스타일**
직사각형, 선, 타원 등 단순한 도형을 빠르게 그릴 수 있습니다.

❿ **예측 스트로크**
드로잉한 선에 보정을 가하여 매끄러운 선이 나오게 만드는 도구로, 손떨림 방지와 비슷한 기능을 갖추고 있습니다.

⓫ **사진 추가하기** 스케치북의 캔버스에 갤러리에 있는 이미지를 가져옵니다.

⓬ **투시 가이드** 입체적인 드로잉을 할 때 투시선을 배경으로 깝니다.

⓭ **문자** 그림에 텍스트를 입력합니다.

⓮ **저속 촬영** 드로잉 과정을 화면상에 녹화합니다.

⓯ **UI 숨기기** 현재 화면상 보이는 UI를 숨겨주는 기능입니다.

브러시 팔레트

① 브러시 라이브러리
다양한 종류의 브러시를 선택하고 세부적인 세팅을 합니다.

② 브러시
자주 사용하는 브러시를 가져다 놓고 사용하는 곳입니다. '브러시 라이브러리'에서 자주 사용하는 브러시를 꾹 누른 채로 끌어다 놓으면(드래그) 그림을 그릴 때 빠르게 꺼내어 사용할 수 있습니다.

③ 크기 조절 바
브러시의 전체적인 사이즈를 조절합니다.

④ 불투명도 조절 바
브러시의 전체적인 선명함과 흐린 정도를 조절합니다.

도면층(레이어) 편집기

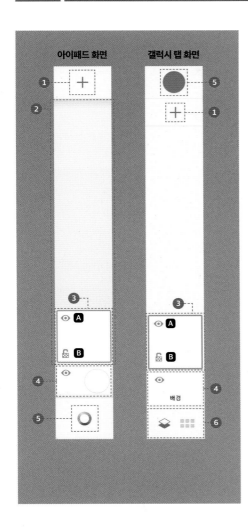

★ 오토데스크 스케치북에서는 흔히 우리가 알고 있는 레이어를 '도면층'이라 명칭합니다. 일부 디지털 기기에서는 '도면층'과 '레이어'를 혼용하여 명칭하기도 합니다. 대부분의 그래픽 소프트웨어에서는 동일 요소를 '레이어'라고 명칭하고 있으므로, 이 책에서도 이해를 돕기 위해 '레이어'라 명칭합니다.

❶ **새 레이어** 새로운 레이어를 생성합니다.

❷ **생성된 레이어 목록** 지금까지 생성된 레이어 내역을 확인합니다.

❸ **레이어**
현재 선택된 레이어를 보여줍니다. 현재 선택 중이거나 작업 중인 레이어는 파란색 테두리로 표시됩니다.
🅰 **레이어 숨기기** : 해당 레이어를 안 보이게 합니다.
🅱 **레이어 투명도 잠그기** : 해당 레이어의 투명도를 잠금하여, 움직이지 않도록 합니다.

❹ **배경 레이어**
배경 색상을 지정 또는 아예 비활성화시켜 배경을 투명하게 만듭니다.

❺ **색상 선택기**
원하는 색을 조절하여 만들거나 미리 만들어진 색인 Copic 색상 마커 세트를 선택합니다.

❻ **레이어/색상 패널 변환**
현재 패널을 레이어 패널 또는 색상 패널로 변환시켜 줍니다.

CLICK

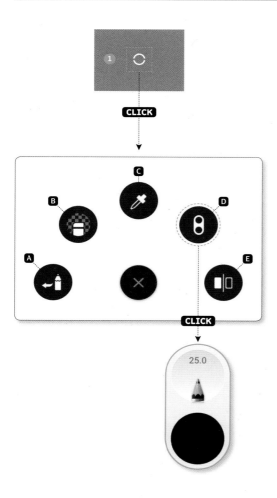

CLICK

① 추가 기능

몇 가지 추가 기능을 보이게 해주는 탭. 탭을 누르면 왼쪽 그림처럼 5개의 메뉴가 등장합니다.

A 마지막 브러시 : 마지막으로 선택한 브러시를 선택할 수 있습니다.

B 투명 색상 : 아무런 색상이 없는 투명한 색상으로 해당 영역을 그릴 때 사용합니다. 지우개와 비슷하지만, 브러시가 가지는 특정한 텍스처를 지우개처럼 표현하고자 할 때 사용하면 좋습니다.

C 색상 선택기 : 특정 영역의 색상을 고를 수 있게 하는 스포이드와 같은 역할을 합니다.

D 더블 퍽 : 브러시의 종류와 색상을 확인할 수 있습니다. 탭을 누르면 아래와 같은 모양의 아이콘이 나오는데, 손가락으로 끌어서 편한 위치에 놓고 사용이 가능합니다. 브러시 아이콘이 있는 곳을 누른 채로 좌우로 움직이면 크기 조절이 가능하고 위아래로 움직이면 불투명도 조절을 할 수 있습니다. 색상 아이콘이 나와 있는 곳을 누른 채로 좌우로 움직이면 채도 조절이 가능하고 위아래로 움직이면 명도 조절이 가능합니다.

E 캔버스 반전 : 그림을 좌우 반전시킵니다.

2
브러시

그림을 그리는 연필과 펜, 색을 칠하는 브러시, 잘못된 부분을 지우는 지우개 등 드로잉의 전반적인 과정을 진행하기 위해서 꼭 필요한 준비물들이 모두 모여 있는 곳입니다. 기본 연필부터 만년필, 마커 등 140여 개의 다양한 질감을 가진 브러시들이 모여 있어, 원하는 브러시를 선택해 사용할 수 있습니다. 이 밖에도 브러시 크기부터 압력, 펜촉까지 세세한 설정이 가능합니다.

❶ 라이브러리
브러시 패널에서 맨 위쪽에 있는 아이콘을 누르면 추가 패널이 나옵니다. 이중 '라이브러리' 탭에는
다양한 종류의 브러시들이 있고, '설정' 탭을 누르면 선택된 브러시의 세부 설정이 가능합니다.

❷ 설정
사용하는 브러시의 성격을 자유롭게 조절할 수 있는 탭입니다.
· **브러시 유형** : 사용하는 브러시의 성질을 바꿔줍니다.
· **기본** : 브러시의 크기와 불투명도를 빠르게 조절합니다.

❸ 고급

브러시에 대한 좀 더 세밀한 조정이 가능한 탭입니다.

· **압력** : 디지타이저 펜은 기본적으로 필압 기능을 지원합니다. 내가 힘을 주는 정도에 따라 얼마큼 진하게 칠해지도록 하고, 얼마큼 굵은 선으로 그려지게 할 것인지 조절할 수 있습니다.

· **스탬프** : 브러시로 선을 그릴 때 마치 도장을 찍듯이 동일한 간격이나 모양으로 그릴 수 있습니다.

· **펜촉** : 브러시의 선명한 정도와 다양한 질감의 텍스처를 입혀줍니다.

· **임의 추출** : 사용하는 브러시를 이용해 무작위로 러프한 느낌을 주고자 할 때 사용합니다.

❹ 재설정

현재 선택된 브러시의 설정값을 초기값으로 되돌리는 기능입니다. 이전에 사용하던 값으로 되돌려지는 게 아닌 초기값으로 돌려지기 때문에 특별히 잘 쓰고 있던 설정값이 있다면 따로 메모해 두면 편리합니다.

DRAWING TIP **필압이란?**

브러시를 사용하면서 초보자들이 가장 어려워할 만한 요소가 두 가지 있는데, 바로 '필압 조절'과 '브러시 선택'입니다. 필압 조절은 직관적으로 내가 힘을 주는 만큼 브러시도 굵고 진하게 발리는 식으로 이해하면 되는데 같은 브러시라도 내가 힘을 주는 정도에 따라 다양한 느낌으로 칠할 수 있습니다. 필압을 이용하면 굳이 여러 브러시를 사용하지 않고 몇 가지의 브러시만으로도 충분히 다채로운 분위기를 만들어 낼 수 있습니다.

다음으로 '브러시 선택' 또한 드로잉 작업 시 고민되는 부분입니다. 앞서 설명한 대로 모든 브러시를 사용할 필요는 없지만, 활용도 높은 브러시들을 몇 가지 알아두면 더욱 효과적인 드로잉을 즐길 수 있습니다.

이럴 때 이 브러시!

오토데스크 스케치북의 경우 기본으로 제공되는 브러시 종류만 140개 이상에 달합니다.
브러시마다 질감과 스타일이 다르기 때문에 어떤 그림을 그리느냐에 따라
여러 브러시를 사용해 볼 수 있지만, 드로잉을 하다 보면 특정 브러시 몇 가지만
자주 사용하게 될 것입니다. 마치 손에 익은 연필이나 붓을 사용하는 것처럼요.

스케치를 할 때 좋은 브러시

기본 연필
(브러시 세트 : 기본)

연필
(브러시 세트 : 기본)

스케치를 하기 위해선 연한 선으로 여러 번 그어가며 형태를 잡는 작업을
많이 하므로 가늘고 부드러운 성질을 가진 브러시를 사용하면 좋습니다.

DRAWING TIP 헷갈리지 마세요!

PC 버전의 경우 추가 브러시를 다운받지 않으면 '기본 연필' 브러시가 존재
하지 않기 때문에 '연필' 브러시를 사용하면 됩니다. 작게 보면 모양이 기본
연필과 비슷하여 헷갈릴 수 있으니 유의하세요.

라인 작업할 때 좋은 브러시

아트 연필
(브러시 세트 : 아티스트)

잉크 펜
(브러시 세트 : 아티스트)

연필 팔레트
(브러시 세트 : 텍스처 필수 사항)

라인을 깔끔하게 따기 위해 선명하고 농도가 진한 브러시 위주로 사용하지
만 그림의 분위기를 위해서 약간의 농도 차이가 나는 브러시를 사용해도
좋습니다.

● **아트 연필**

우둘투둘한 캔버스에 선명한 선을 그리고 싶을 때 사용하는 브러시. '압력
→ 낮은 압력에서의 크기'를 0.1로 맞추고 '스탬프 → 간격'을 0.1로 맞추면
사용이 더욱 편리해집니다.

● 잉크 펜

선명한 선을 그릴 수 있는 브러시입니다. 깔끔한 선을 그릴 수 있어 라인 작업 시 사용하면 좋아요. 기본으로 설정된 브러시 크기가 조금 큰 편이라 생각보다 굵게 그려질 수 있어요. 사용하기 전, 브러시 설정에서 크기를 알맞게 조정한 후 작업하면 좋습니다.

DRAWING TIP 구형 갤럭시 탭 사용 시, '만년필'도 좋아요

구형 버전의 갤럭시 탭을 이용한다면, 브러시 라이브러리 중 기본 코너에 '만년필' 브러시가 있습니다. 흡사 모양이 '잉크 펜'과 유사한데요. 선의 모양도 거의 유사하므로 둘 중 하나를 사용해도 무방합니다. 단, '만년필' 브러시는 선명도가 '잉크 펜'에 비해 약하기 때문에 브러시 설정에서 불투명도를 100으로 조정한 후 작업하면 좋습니다.

● 연필 팔레트

손그림 감성의 그림이나 크레파스 또는 색연필 질감의 선을 나타내고 싶을 때 사용하는 브러시입니다. '스탬프 → 간격'을 부드럽게 칠할 것인지 거칠게 칠할 것인지에 따라 조절하면서 사용하세요.

밑색을 칠할 때 좋은 브러시

테이퍼형 페인트
(브러시 세트 : 디자이너
PC 버전은 '설계자')

밑색은 채색 작업의 첫 단계입니다. 명도를 잡아주고 채색 영역을 설정하기 위해 농도가 진하면서 넓은 영역을 채색할 때 용이하도록 브러시 면적이 넓은 브러시를 선택하면 좋습니다.

● 테이퍼형 페인트

테이퍼형 페인트(PC 버전은 페인트 테이퍼형)

색이나 톤을 자연스럽게 섞어주는 브러시

스머지
(브러시 세트 : 스머지)

혼합
(브러시 세트 : 아티스트)

채색 작업 시 두 가지 이상의 색을 자연스럽게 어우러져 보이도록 매만져주는 브러시입니다.

● 스머지

붓 자국을 남기면서 러프하게 색을 섞어줄 때 사용합니다.

● 혼합

자연스럽게 색을 섞어줄 때 사용합니다.

음영과 묘사를 넣어줄 때 좋은 브러시

글레이즈
(브러시 세트 : 아티스트)

기본 연필
(브러시 세트 : 기본)

연필 팔레트
(브러시 세트 : 텍스처 필수 사항)

에어브러시
(브러시 세트 : COPIC)

채색하는 면적에 맞춰서 브러시를 선택합니다.

● **글레이즈**
넓은 면적을 부드럽게 그러데이션을 주면서 채색하거나 마커처럼 겹침 묘사를 주기 위해 사용합니다.

● **기본 연필**
사이즈를 크게 높여서 곱고 부드러운 톤을 채색할 때 사용합니다.

● **연필 팔레트**
좁은 면적의 음영을 잡아줄 때 사용합니다.

● **에어브러시**
아주 고운 톤 작업을 할 때 사용합니다.

다양한 질감을 입히기 위해 사용하는 브러시

 텍스처

 카무플라주

 목탄

 하프 톤

 그리드 패턴3

 점 패턴2

내가 그린 그림에 독특한 질감이나 효과를 주고자 할 때 다양한 무늬나 패턴을 가진 브러시를 사용합니다.

● **텍스처**
그림을 완성하고 나서 더 풍부한 질감을 입혀주기 위해 사용합니다.

· **카무플라주** 우둘투둘한 질감을 표현하고 싶을 때 사용합니다.
· **목탄** 자연스럽게 색을 섞어줄 때 사용합니다.

● **하프 톤**
배경색과 같은 넓은 면적에 패턴을 입힐 때 사용합니다.

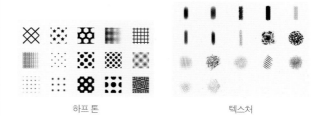

하프 톤   텍스처

3
색상 선택 및 채색

그림을 그리고 난 후 알록달록하게 채색하는 과정을 거치면 선으로만 그린 그림보다 화사한 느낌이 들기 마련입니다. 하지만 채색을 하기 위한 색상 선택도 난이도가 높은 편인데요, 오토데스크 스케치북의 색상 기능을 알아보면서 채색을 할 때 알아두면 좋은 팁까지 소개합니다.

01 | 색상 탭 한눈에 보기

색상

원하는 대로 자유롭게 색상을 설정합니다.

❶ **투명 색상** 아무런 색이 없는 무색을 선택하고 싶을 때 사용합니다.
❷ **색상 선택기** 특정 영역의 색상을 찍어서 고를 수 있게 하는 스포이드와 같은 역할을 합니다.
❸ **이전에 선택했던 색상** 현재 선택한 색상 이전에 선택했던 색상을 표시합니다.
❹ **현재 선택 중인 색상** 현재 만들고 있는 색상을 표시합니다.
❺ **색상 조절기** 안에 있는 두 개의 원을 조절하여 원하는 색상을 만드는 기능입니다.
❻ **HSL** 색상, 명도, 채도를 조절할 수 있는 패널을 나타냅니다.
❼ **RGB** 빛의 삼원색인 빨간색, 녹색, 파란색(RGB)의 값을 조절할 수 있는 패널을 나타냅니다.
❽ **색상 팔레트** 자주 사용하는 색상을 저장할 수 있는 공간을 나타내는 탭입니다. 원하는 색상을 만든 다음 꾹 누른 채로 하단의 팔레트에 가져다 놓으면 자주 사용하는 색상으로 저장할 수 있습니다.
❾ **색상 반전기** 현재 만들고 있는 색상과 반전되는 색상으로 나오게끔 조절할 수 있는 패널을 나타냅니다.
❿ **중간색 찾기** 보색/대비색을 사용할 때 그 사이의 중간색을 찾을 수 있는 기능입니다.
⓫ **HEX 컬러 코드** 6자리로 된 색상별 고유코드 번호입니다. 이걸 기억해놓으면 코드 번호 입력만으로 동일한 색상을 다시 선택할 수 있습니다.

색상 팔레트에서 자주 사용하는 색상 저장하는 법

33

DRAWING TIP 기기별 색상 탭 여는 법

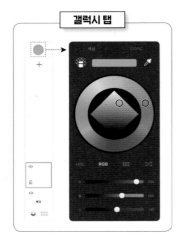

갤럭시 탭

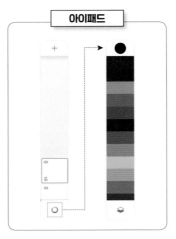

아이패드

모바일

도면층 편집기 맨 아래쪽 원 모양의 아이콘을 누르면 색상 탭이 나옵니다.

아이패드의 경우 화면 하단의 무지개 링 모양 아이콘을 누르면, 여러 색상과 함께 레이어 패널 상단에 원형 아이콘이 보입니다. 해당 아이콘을 누르면 색상 탭이 등장합니다.

모바일 버전의 경우 화면 상단 메뉴에서 무지개 링 모양 아이콘을 눌러주세요. 태블릿PC와 같은 모양의 색상 탭이 나옵니다.

02 | 색상 팔레트 사용하기

색상 조절기는 큰 원 안에 마름모 하나가 들어 있는 모양을 하고 있습니다. 그리고 그 원과 마름모 안에 각각 작은 원이 하나씩 들어 있는데요. 이 원들을 이용해서 색상을 섬세하게 조절할 수 있습니다.

바깥쪽 원 안에 있는 작은 원은 색상을 선택할 수 있는 조절 바입니다. 빙글빙글 돌려가며 원하는 색상 계열을 맞출 수 있습니다

마름모 안에 있는 작은 원은 명도와 채도를 선택할 수 있는 조절 바입니다. 원을 기준으로 좌우로 움직이면 채도를 조절할 수 있고, 위아래로 움직이면 명도를 조절할 수 있습니다.

색상

명도·채도

DRAWING TIP 더블 픽 사용하기

아이패드의 경우 색상을 선택하기 위해서 한 단계를 더 거쳐야 하는 불편함이 있습니다. 그렇기 때문에 '더블 픽' 기능을 사용하면 손쉽게 브러시와 색상을 고를 수 있습니다. 위치를 이동시켜 편한 위치에 놓고 사용할 수 있습니다.

25.0

처음 디지털 드로잉을 하면서 가장 어려운 부분 중 하나가 바로 색상 선택입니다. 스케치북 어플에는 'COPIC'이라는 색상표가 있었는데 업데이트로 해당 기능이 사라졌습니다. 대신 '색상 라이브러리' 기능과 '컬러 팔레트 이미지'를 사용할 수 있습니다.

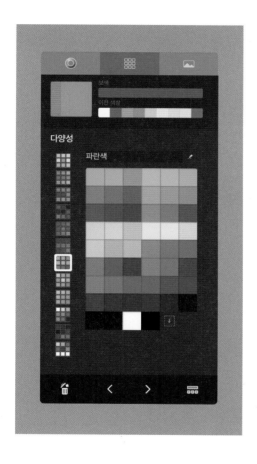

색상 라이브러리 둘러보기

색상 라이브러리 탭을 누르면 다양한 색들이 등장합니다. 붉은 계열, 주황 계열, 노랑 계열 등 미리 만들어진 색을 골라서 쓸 수 있기 때문에 색상을 일일이 조절하면서 사용하는 것보다 훨씬 편리합니다. 지금은 사라진 'COPIC 컬러 세트'를 대신하는 기능이라고 보면 됩니다. 실제로 코드 번호만 없을 뿐이지 거의 비슷한 색상 구성을 가지고 있습니다.

DRAWING TIP 색상 라이브러리를 병행해서 사용하기

채색을 하기 위해선 색상을 골라줘야 하는데 색상 조절기로 일일이 조절해서 색을 찾는 방식은 상당히 번거로운 편입니다. 색상이 미리 정해져 있는 색상 라이브러리와 병행해서 사용하면 편리합니다.

① 색상 라이브러리 탭에서 원하는 계열의 색상을 골라줍니다.
② 색상 탭으로 넘어가서 앞서 소개한 내용을 바탕으로 내가 원하는 색상에 가깝게 원을 움직여서 색상을 조절해 줍니다.

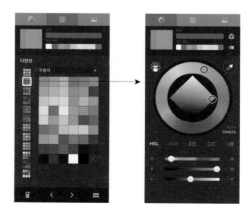

컬러 팔레트 이미지 사용하기

❶ 솔생님 블로그(https://blog.naver.com/solsol0209) 에서 컬러 팔레트 이미지를 다운받아줍니다. 그림을 그리려는 태블릿 pc로 아래 QR코드를 스캔하면 훨씬 편리합니다.

컬러 팔레트 QR코드

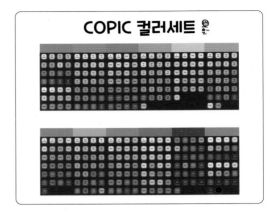

❷ 스케치북 어플에서 '사진 불러오기' 기능을 이용해 다운받은 컬러 팔레트 이미지를 가져온 후 상단의 '종료'를 눌러줍니다. 만약 이미지가 그림에 가려진다면, 오른쪽의 '레이어 패널'에서 '팔레트 이미지의 레이어'를 맨 위로 끌어올려주면 됩니다.

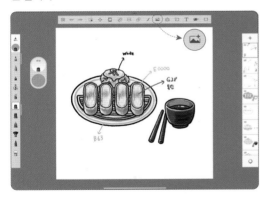

❸ '색상' 탭에 들어가면 나오는 스포이트 모양을 이용하거나, 손가락으로 꾹 누르면 나오는 '색상 선택기' 기능을 이용해서 원하는 색을 골라 사용합니다.

4
레이어 활용

그림을 그리는 과정에서 나도 모르게 의도하지 않았던 부분에 손을 대면서 그림을 망친 경험이 있나요? 디지털 드로잉에서도 마찬가지입니다. 한 화면에 스케치와 선 따기, 채색 작업이 모두 이루어진다면, 그림이 지저분해지거나 의도한 것과는 다른 결과를 낳을 수도 있을 겁니다.

레이어는 이런 불편함을 단숨에 해결해 주는 구성 요소입니다. 색색의 셀로판지가 합쳐지면서 새로운 색을 만들어 내듯이, 드로잉 단계별로 구분된 레이어가 합쳐지면서 보기 좋은 그림이 완성되는 것이죠. 요소가 많고 과정이 복잡한 그림일수록 레이어 수가 많아집니다.

★ 오토데스크 스케치북에서는 도면층과 레이어라는 말을 혼용하여 명칭합니다. 이 책에서는 '레이어'라는 단어로 지칭하겠습니다.

01 | 새 레이어 추가 및 이동하기

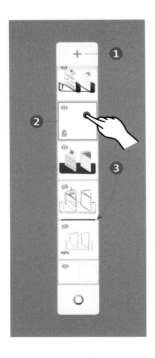

❶ 화면 우측 레이어 패널에서 색상 아이콘 하단에 위치한 '+' 모양의 아이콘을 누릅니다.

❷ 누르면 새 레이어가 생성됩니다. 레이어는 무조건 현재 선택 중인 레이어 바로 위에 생성됩니다.

❸ 레이어의 위치를 바꾸고 싶다면 해당 레이어를 꾹 누른 채 이동하고 싶은 순서로 옮기면 됩니다.

DRAWING TIP 레이어 순서 이동

디지털 드로잉에서는 레이어의 순서 이동을 잘 활용하면 더욱 편리합니다. 예를 들어, 채색을 진행할 때는 새 레이어를 생성하여 스케치 레이어와 라인 레이어 사이에 두고 채색을 진행해 주어야 라인이 깔끔하게 보입니다. 이처럼 레이어의 순서 이동을 잘 활용하면 드로잉 작업이 훨씬 편리하고, 보기 좋은 결과물을 얻을 수 있습니다.

 라인 레이어

 채색 레이어

 스케치 레이어

 배경 레이어

현재 선택된 상태의 레이어를 한 번 터치 또는 선택되지 않은 레이어를 두 번 터치하면 해당 레이어의 속성 패널이 나옵니다.

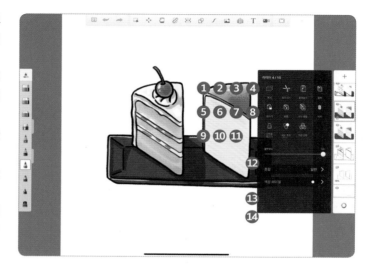

❶ **복사** 해당 레이어의 전체 영역 또는 '선택' 도구를 이용해서 특정 영역을 복사합니다.

❷ **잘라내기** 해당 레이어의 전체 영역 또는 '선택' 도구를 이용해서 특정 영역을 잘라냅니다.

❸ **붙여넣기** 복사 또는 잘라내기한 내역을 붙여넣습니다.

❹ **중복** 해당 레이어를 똑같이 상단에 복제합니다.

❺ **지우기** 해당 레이어의 전체 영역 또는 '선택' 도구를 이용해서 특정 영역을 지웁니다.

❻ **병합** 해당 레이어와 바로 아래의 레이어를 하나의 레이어로 합칩니다.

❼ **모두 병합** 현재 레이어 내역에 표시된 모든 레이어를 하나의 레이어로 합칩니다.

❽ **삭제** 해당 레이어를 삭제합니다.

DRAWING TIP **레이어를 삭제할 때**

해당 레이어를 꾹 누르면 도면층 편집기 패널 위쪽에 휴지통 모양의 아이콘이 보입니다. 해당 레이어를 꾹 누르고 휴지통 아이콘이 있는 쪽으로 끌어다 놓으면 간편하게 레이어 삭제가 가능합니다.

❾ **도면층 잠그기** 해당 레이어를 잠가서 브러시나 편집 도구가 먹히지 않도록 합니다.

❿ **HSL 조정** 해당 레이어의 색상, 명도, 채도를 조절합니다.

⓫ **색상 균형** 색상 조합을 조절하여 색온도 균형을 맞춰줍니다.

⓬ **불투명도 조절** 해당 레이어의 불투명도를 조절하는 조절 바입니다.

⓭ **혼합** 해당 레이어를 어떻게 보이게 할 건지 성질을 바꿔줍니다. 보통은 '표준'으로 맞추어져 있습니다.

⓮ **색상 레이블** 각 레이어 탭의 우측 상단에 색상으로 표시하여 레이어 구분이 쉽도록 합니다.

5
파일 저장 및 삭제

그림을 완성했다면 파일로 저장을 해야 다음에 수정을 할 수 있거나 여러 방식으로 활용할 수 있습니다. 저장하는 방법과 저장한 파일들을 스케치북 갤러리 안에 폴더별로 정리하는 법, 파일을 삭제하는 법에 대해서 알아봅시다.

01 | 그림 파일 저장하기

❶ 화면 상단의 주 메뉴 아이콘을 눌러서 나오는 패널을 보면 '갤러리'라는 탭이 있습니다. 해당 탭을 선택합니다.

❷ 해당 스케치를 저장할 건지 버릴 건지 묻는 창이 등장합니다.

· **현재 스케치 저장** : 현재 작업 중인 스케치를 저장합니다.

· **변경사항 버리기** : 저장하지 않고 갤러리로 나갑니다.

'현재 스케치 저장'을 눌러주세요.

❸ 스케치북의 갤러리 상에 내가 그린 그림이 저장된 모습이 보입니다.

DRAWING TIP PC 버전을 사용한다면

PC 버전에서는 맨 위 메뉴 바에서 '파일'을 누르고 '저장' 또는 '다른 이름으로 저장'을 눌러 저장합니다. 다양한 파일 형식으로 저장할 수 있는데, 다음에도 수정이 가능하도록 레이어를 살려서 저장하려면 TIFF·PSD 파일로, 이미지 파일로 저장하고 싶다면 비트맵, JPEG, GIF, PNG 형식으로 저장하면 됩니다.

그림을 이미지 파일로 저장해야 각종 SNS에 업로드 하거나 인쇄물로 출력이 가능합니다. 이미지 파일 형식으로 저장하는 방법을 소개할게요.

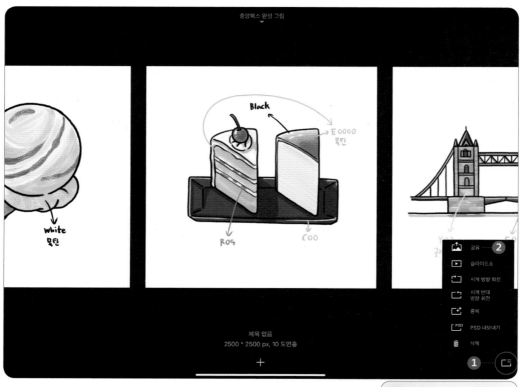

갤러리에서 저장하기

❶ 현재 이 갤러리에서 화면 우측 하단의 탭을 눌러줍니다.

❷ 맨 위쪽의 '공유' 탭을 누릅니다.

❸ 위쪽에 밖으로 내보낼 수 있는 다양한 아이콘들이 등장합니다.

원하는 곳으로 이미지를 내보내면 됩니다.

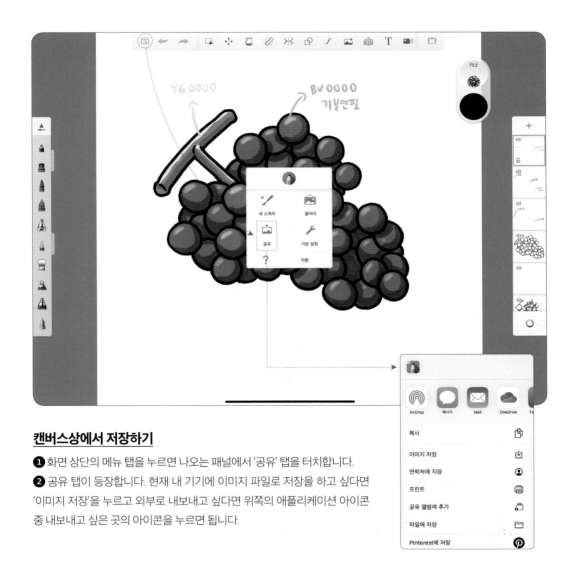

캔버스상에서 저장하기

❶ 화면 상단의 메뉴 탭을 누르면 나오는 패널에서 '공유' 탭을 터치합니다.

❷ 공유 탭이 등장합니다. 현재 내 기기에 이미지 파일로 저장을 하고 싶다면 '이미지 저장'을 누르고 외부로 내보내고 싶다면 위쪽의 애플리케이션 아이콘 중 내보내고 싶은 곳의 아이콘을 누르면 됩니다.

저장한 파일들은 스케치북 갤러리에 모두 보관됩니다. 필요할 때마다 원하는 파일들을 꺼내어 사용할 수 있고, 종류별로 앨범을 만들어 분류해주면 나중에 파일을 찾기에도 용이하지요. 스케치북 갤러리를 이용하는 법에 대해 알아볼게요.

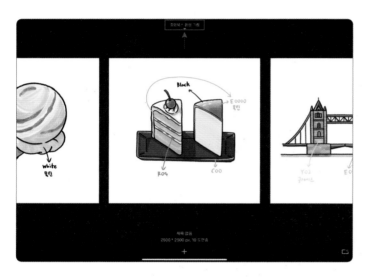

❶ 스케치북의 갤러리상에서 화면 상단의 텍스트를 누르면 내가 생성한 앨범들이 나옵니다. 처음 시작했다면 아마 하나의 앨범만 생성이 되어 있을 겁니다. 앨범 이름을 바꾸고 싶다면 해당 이름 부분을 탭하여 이름을 수정할 수 있습니다.

❷ 화면 상단의 앨범명을 탭하면 그림처럼 내가 생성한 앨범 목록을 볼 수 있습니다. 오른쪽에 있는 '+' 모양 아이콘을 누르면 새 앨범 생성이 가능합니다.

❸ 만약 해당 앨범을 지우고 싶다면 꾹 눌러주고, 중간 부분에 뜨는 '앨범 삭제'를 누르면 앨범 안의 모든 그림들이 삭제 됩니다.

PSD 파일로 저장하기

디지털 드로잉을 하면서 여러 레이어를 이용해 그림 작업을 하게 되는데요,
이렇게 레이어가 구분된 원본 파일을 PSD 파일이라고 합니다. 완성된 그림을 포토샵이나
다른 편집프로그램을 이용해서 마무리 작업을 하고자 할 때 PSD 파일이 있어야만
수정 작업이 가능합니다. PSD 파일로 저장하는 법과 PSD 파일을 불러오는 방법을 알아볼게요.

PSD 파일 내보내는 법

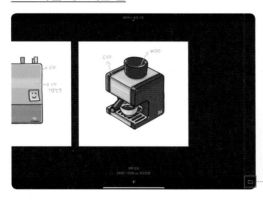

❶ 스케치북의 갤러리 화면상에서 화면 오른쪽
아래 아이콘을 누릅니다.

❷ 해당 패널에서 'PSD 내보내기'를 누릅니다.

❸ 파일을 공유하고자 하는 위치에 해당 그림 파
일을 내보내면 됩니다.

PSD 파일 불러오는 법

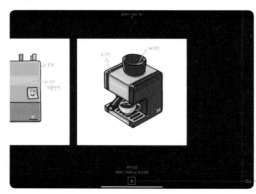

❶ 스케치북의 갤러리상에서 하단의 '+' 아이콘을
누릅니다.

❷ 메뉴에서 두 번째 '이미지에서 새로 만들기'를
누릅니다. 장치에 저장된 PSD 파일을 선택합니다.

❸ '탐색'을 누르고 기기에 저장된 PSD 파일을 불
러오면 레이어가 보존된 원본 파일을 불러올 수
있습니다.

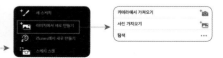

배경을 투명하게 저장하기

오토데스크 스케치북 이용자들이 가장 많이 하는 질문 중 하나가
바로 '어떻게 배경을 투명하게 저장하나요?'입니다. 오토데스크 스케치북은 매우 간단한
조작법을 사용해 배경이 투명한 이미지 파일로 저장할 수 있습니다.

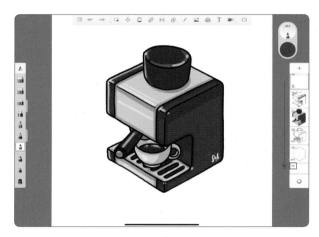

❶ 그림을 그리고 난 후 도면층 편집기에서 스크롤을 쭉 내리면 배경 레이어가 보입니다.

❷ 배경 레이어의 눈 모양 아이콘을 눌러 비활성화시키면 배경이 투명해지는데, 이 상태에서 그림을 저장하면, 배경이 투명한 이미지로 저장됩니다.

DRAWING TIP
투명 배경일 땐 격자무늬

배경이 없는 투명한 형태일 때는 격자무늬로 나타납니다. 격자무늬 배경으로 바뀐 것이 아니라, 배경이 투명하다는 표시이지요. 이 상태로 이미지를 저장하면 배경이 없는 형태로 저장됩니다.

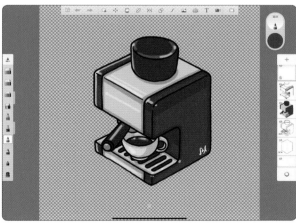

DRAWING TIP
갤럭시 탭을 이용한다면

배경 레이어의 눈 모양 아이콘을 눌러 배경을 없애준 후, 화면 상단의 메뉴 탭을 누르고 '공유' 탭을 누릅니다. 공유 탭이 나오면 '장치에 저장'을 누르세요. 내 기기에 배경이 없는 PNG 파일로 저장이 됩니다.

애써 그린 그림을 삭제하는 일은 드물겠지만, 필요하지 않은 그림 파일들을 정리하고 싶을 땐 알고 있어야 하는 기능입니다. 그림 파일을 삭제하는 방법을 소개할게요.

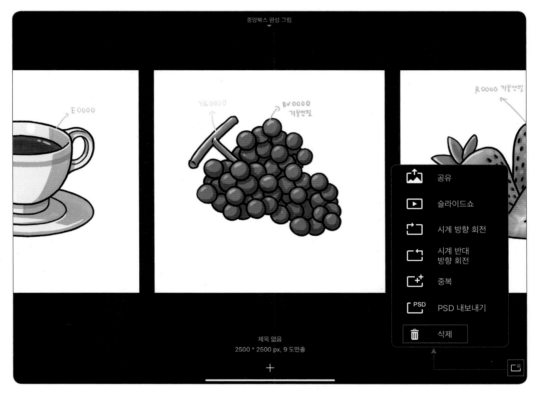

갤러리상에서 화면 오른쪽 아래 아이콘을 누릅니다. 메뉴 중 맨 아래쪽 '삭제'를 누르면 이미지 삭제가 가능합니다.

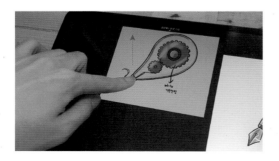

DRAWING TIP **제스처로 빠르게 삭제하기**
갤러리상에서 해당 스케치를 꾹 누른 채 위로 드래그하면 빠르게 삭제가 가능합니다.

PART
3

디지털 드로잉
시작하기

드로잉 시작 전 알아두세요

본격 드로잉을 시작하기에 앞서 전반적인 과정에 대해 이해하기 쉽게 알아보겠습니다. 미리 알아두면 드로잉이 훨씬 편리해지는 알짜배기 팁까지 짚고 넘어가 볼게요.

기본 작업 및 레이어 배치 순서

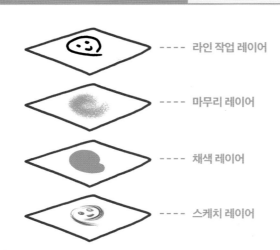

- ---- 라인 작업 레이어
- ---- 마무리 레이어
- ---- 채색 레이어
- ---- 스케치 레이어

하나의 그림이 완성되기까지 크게 **스케치 → 라인 → 채색 → 마무리** 작업 총 4가지 단계로 이루어집니다. 단계별로 각기 다른 레이어를 생성하여 작업하면 나중에 그림을 수정을 하기에도 용이하고 수정에 대한 부담감도 덜합니다. 완성도 높은 그림을 얻기 위해서는 작업별로 생성한 4개의 레이어를 그림과 같은 순서로(**스케치 → 채색 → 마무리 → 라인**) 배열하여 작업해 주세요.

1. 스케치하기(밑그림 그리기)

드로잉 작업의 첫 번째 단계이자, 기본이 되는 작업입니다. 그림의 형태를 잡아주는 가장 중요한 작업이기도 하지요. '**기본 연필**' 브러시를 이용해서 러프하게 모양을 잡아준 뒤 세부적인 형태를 세밀하게 잡아가는 식으로 진행하면 어렵지 않게 스케치가 가능합니다. 스케치가 너무 지저분하다 싶으면 현재 단계에서 **레이어를 하나 더 추가한 뒤** 스케치를 깔끔하게 정리해주는 것도 좋은 방법입니다.

2. 라인 작업(선 따기)

스케치한 그림을 깔끔한 선으로 정리해 주는 작업입니다. 레이어의 불투명도 조절 기능을 이용해 '스케치 레이어'의 불투명도를 낮추어 흐릿하게 보이도록 설정한 뒤 진행하면 훨씬 정확한 라인 작업이 가능합니다. '잉크 펜', '아트 연필', '연필 팔레트' 브러시 같은 농도가 진하고 섬세한 브러시를 이용해주고, 손 떨림이 심할 경우 '예측 스트로크' 도구를 사용하면 간편하게 라인 작업을 할 수 있습니다.

 예측 스트로크

3. 채색하기

그림의 형태에 맞게 밑색을 칠한 뒤, 그 위에 다양한 브러시들을 이용해서 음영과 질감 묘사를 진행합니다. 밑색은 '테이퍼형 페인트' 브러시처럼 농도가 진한 브러시로 빈틈없이 칠한다는 느낌으로 진행하되, 그다음에는 상황에 맞춰서 다양한 브러시를 사용할 수 있습니다. 색상 탭에서 자유롭게 색을 선택해도 좋고 COPIC 색상표를 보고 알맞은 색을 골라 사용하면 됩니다. 이 책에서는 COPIC 색상을 사용할게요.

DRAWING TIP 화이트(White)와 블랙(Black)

채색을 할 때 아주 밝은 부분과 아주 어두운 부분은 각각 화이트(White) 색상과 블랙(Black) 색상을 사용하면 됩니다. COPIC에는 완전 새하얀 색이 없기 때문에 '색상 편집기'에서 직접 설정을 해주어야 해요.
★ 책에서는 White와 Black으로 표기했습니다.

화이트(White) 만들기   블랙(Black) 만들기

4. 마무리하기(효과 넣기)

그림을 더욱 생동감 있어 보이게 하기 위해 효과를 넣는 작업입니다. '연필 팔레트' 브러시나 '아트 연필' 같은 브러시로 외곽선 부분 중 빛을 받는 부분에 맞춰서 밝은 색상으로 하이라이트 효과를 넣어 주거나 '목탄', '카무플라주' 브러시처럼 반짝이는 효과를 넣어 줍니다. 경우에 따라서 배경 레이어를 생성하여 '하프 톤', '텍스처' 브러시와 같은 패턴 모양의 브러시를 사용하여 더욱 풍부한 느낌을 줄 수도 있습니다.

문구

STATIONERY

쓰고 지우고 자르고 붙이고 재고 묶는

셀 수 없이 다양한 기능을 갖춘 문구는

우리의 일상에서 없어서는 안 될 존재입니다.

사소해 보이지만 각자의 자리에서 고군분투하며

존재감을 발휘하고 있지요.

책상 위 하나쯤은 가지고 있을 문구류를 그려봅시다.

만년필

• • •

만년필 하면 가장 먼저 떠오르는 게 무엇인가
요? 저는 특유의 모양과 색감이 주는 고풍스러
운 느낌이 제일 먼저 떠오르는데요, 규모가 큰
행사나 중요한 자리에서 등장하는 만년필은
고급 필기구 중 하나로 손꼽힙니다. 묵직한 무
게감을 가진 만년필의 특징을 잘 살려 그려봅
시다.

1

자, 밑그림을 그려봅시다. '기본 연필'을 이용
해서 긴 직사각형과 짧은 직사각형을 서로
교차하여 그립니다. 긴 직사각형의 끝에 살짝
걸치게끔 마름모 모양도 하나 그려줍니다.

[사용 툴]

 기본 연필

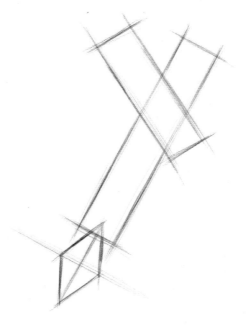

2

직사각형과 마름모를 기준으로 세부적인 형
태를 잡아줄 겁니다. 만년필의 끝쪽에 해당하
는 직사각형의 끝부분으로 향하면서 살짝 둥
글둥글하게 그려주고, 펜촉 부분(마름모)을
그릴 땐 살짝 뾰족하게 그려 샤프한 느낌을
살려주는 것이 좋습니다.

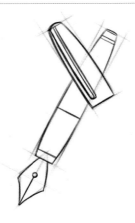

3

'새 레이어'를 추가해 라인을 그려줍니다. '아
트 연필' 브러시를 이용하여 새로 생성된 레
이어에 스케치한 그림을 따라 선으로 깔끔하
게 그려줍니다. 이를 '라인 레이어'라 칭하겠
습니다.

[사용 툴]

 아트 연필

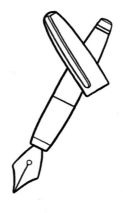

4

'스케치 레이어'와 '라인 레이어' 사이에 '새 레
이어'를 생성한 후 해당 레이어에서 설계자
브러시 라이브러리 중 '테이퍼형 페인트' 브
러시를 이용해서 채색을 합니다.

[사용 툴]

 테이퍼형 페인트

[사용 색상]

 100 YR21

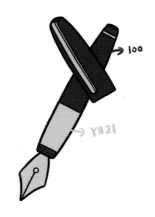

5

드로잉을 극대화시켜 주는 효과를 입혀 볼게요. '**연필 팔레트**' 브러시로 입체감을 표현해주고 '**글레이즈**' 브러시와 '**기본 연필**' 브러시로 부드러운 면을 가진 음영 효과를 넣어줍니다.

[사용 툴]

 연필 팔레트   글레이즈

[사용 색상]

 E39   Black

DRAWING TIP 글레이즈 브러시 활용하기

 글레이즈 브러시는 힘을 주는 정도에 따라 자연스러운 그러데이션 효과를 낼 수 있는 브러시입니다. 마커나 수채화 물감 효과를 내고 싶을 때 사용하면 좋습니다.

6

'**연필 팔레트**' 브러시를 이용해서 빛에 반사되는 부분을 표현해주면 완성! 만년필에 있는 금속 재질의 반짝거림을 표현한다는 느낌으로 진행해주세요.

[사용 툴]

 연필 팔레트

[사용 색상]

C0   Y0000

문구 ❷

스프링 노트

• • •

한 장, 한 장 빼곡하게 글을 쓰거나 그림을 그
리는 등 종이를 채워가는 방식은 각양각색이
지요. 그만큼 누구에게나 친숙한 문구가 바로
노트입니다. 그중에서도 심심한 무지 노트가
아닌 꼬불꼬불 꼬여 있는 스프링이 은근한 재
미를 주는 스프링 노트를 한번 그려보도록 할
게요.

1

'**기본 연필**' 브러시를 이용해서 십자 모양의
선을 가볍게 그린 다음 본체가 들어갈 사각
형과 스프링이 들어갈 작은 직사각형들을 그
려줍니다.

[사용 툴]

 기본 연필

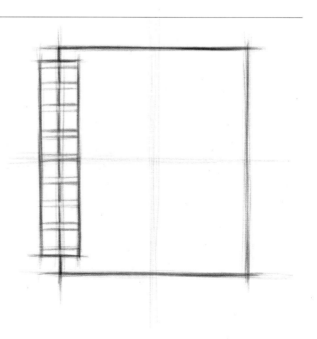

2

그려진 사각형들을 기준으로 세부적인 형태를 스케치합니다. 기준선을 이용해서 모서리만 둥글게 깎아준다는 느낌으로 그려주면 훨씬 편해요.

3

'**새 레이어**'를 추가합니다. '**잉크 펜**' 브러시를 이용해서 스케치된 그림을 본 삼아 깔끔하게 라인을 그려줍니다.

[사용 툴]

 잉크 펜

4

'**스케치 레이어**'와 '**라인 레이어**' 사이에 '**새 레이어**'를 생성한 후 해당 레이어에 '**테이퍼형 페인트**' 브러시를 이용해서 꼼꼼하게 채색을 합니다.

[사용 툴]

 테이퍼형 페인트

[사용 색상]

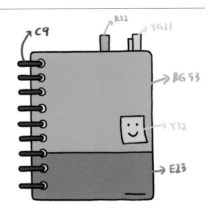

5

드로잉을 극대화시켜 주는 효과를 입혀 볼게요. **'연필 팔레트'** 브러시와 **'기본 연필'** 브러시를 이용해서 노트의 질감을 표현하고 음영 효과를 넣어 입체감을 표현합니다.
'기본 연필' 브러시의 사이즈를 최대한 키운 후 손에 힘을 빼고 옅게 색을 깔아준다는 느낌으로 진행해주면 좋아요.

[사용 툴]

 연필 팔레트　　 기본 연필

[사용 색상]

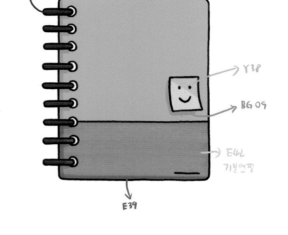

DRAWING TIP **'기본 연필' 브러시를 이용해서 가벼운 터치감을 주는 법**
기본 연필은 스케치할 때 자주 사용하는 브러시이지만, 사이즈를 크게 키워서 사용하면 채색 작업에도 사용할 수 있습니다. 전반적으로 부드러운 느낌의 색을 깔아줄 때 용이한 브러시이기도 합니다.

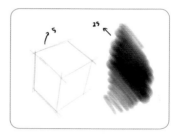

6

'연필 팔레트'와 **'기본 연필'** 브러시를 이용해서 빛에 반사되는 부분을 표현해주면 완성! 모서리 부분 위주로 하이라이트를 잡아주고 노트 표지 부분은 최대한 부드럽고 넓게 음영 작업을 진행해주세요.

[사용 툴]

 연필 팔레트　　 기본 연필

[사용 색상]

연필과 지우개

• • •

무언가를 썼다 지울 수 있는 연필과 지우개. 어디에나 다재다능하게 쓰이는 연필과 마음에 안 드는 부분을 수정할 수 있도록 하는 지우개가 없었더라면 우리는 납으로 된 막대기와 밀랍으로 된 판에 필기를 해야 하지 않았을까요? 항상 붙어 다니는 바늘과 실 같은 존재인 연필과 지우개를 그려볼게요.

1

'**기본 연필**'을 이용해서 길쭉한 직사각형과 뭉툭한 직사각형을 하나씩 그려줍니다. 브러시의 사이즈는 5~10 정도로 맞춰 두고 하는 게 좋습니다.

[사용 툴]

 기본 연필

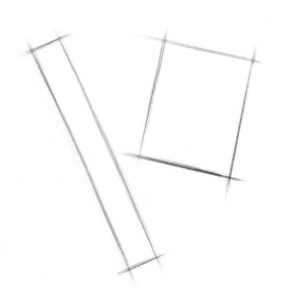

2

그려진 직사각형들을 기준으로 세부적인 형태를 스케치 할게요. 직사각형을 기준으로 연필과 지우개의 세밀한 모양을 잡아가며 스케치해 주세요.

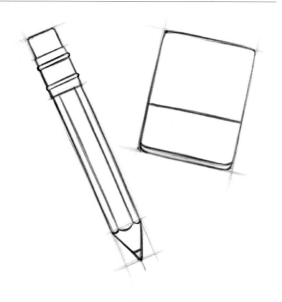

3

'**새 레이어**'를 추가합니다. '**아트 연필**' 브러시를 이용해서 새로 생성된 레이어에 스케치된 그림을 따라 깔끔하게 선을 따줍니다.

[사용 툴]

 아트 연필

라인 작업하기 좋은 브러시

디지털 드로잉 작업 시 스케치한 그림을 토대로
깔끔한 라인을 따는 작업을 거쳐야 합니다. 이를
'라인 작업'이라 하는데요. 라인 작업에 사용하면
좋은 깔끔한 느낌의 브러시 몇 가지를 소개할게
요. 잉크 펜, 만년필, 아트 연필, 연필 팔레트 세 개
의 브러시가 라인 작업에 유용한 브러시입니다.
언뜻 보기에는 비슷해 보이지만 미묘한 차이가 존
재하기 때문에 그림에 따라 마음에 드는 브러시로
작업하면 됩니다. 라인 작업에 사용할 브러시가
정해져 있는 것은 아니니 추천하는 브러시 외에도
마음에 드는 브러시로 작업해도 무방합니다.

★ 만년필은 다른 브러시들에 비해 덜 선명합니
다. 사용 전 브러시 설정에서 불투명도를 100으
로 조정하여 사용하면 보다 선명한 선으로 그릴
수 있습니다. 잉크 펜은 기본으로 설정된 크기가
조금 큰 편이기 때문에 브러시 크기를 알맞게 조
절해서 사용해 주세요.

잉크 펜

만년필

아트 연필

연필 팔레트

4

'스케치 레이어'와 '라인 레이어' 사이에 '새 레
이어'를 생성한 후 '테이퍼형 페인트' 브러시
를 이용해서 채색을 합니다.

[사용 툴]

 테이퍼형 페인트

[사용 색상]

| E30 | Y35 | 100 | R02 | B26 | W00 |

5

그림에 효과를 입혀볼게요. **'연필 팔레트'** 브러시와 **'기본 연필'** 브러시를 이용해서 음영을 표현하고 **'아트 연필'** 브러시를 이용해서 지우개 커버에 글씨나 로고를 그려넣어 그림에 사실성을 불어 넣어 줍니다.

[사용 툴]

 연필 팔레트   기본 연필

아트 연필

[사용 색상]

E33	Y38	E71	C0	R14	W3

B99	W00

6

'연필 팔레트' 브러시와 **'기본 연필'** 브러시를 이용해서 빛에 반사되는 부분을 표현하면 완성! '기본 연필' 브러시는 손에 힘을 빼고 살살 칠해주는 게 포인트예요.

[사용 툴]

 연필 팔레트   기본 연필

[사용 색상]

Y0000	E0000	W00	White

문구 ❹

커터칼

• • •

부엌에 부엌칼이 있다면, 책상 위에는 커터칼이 있습니다. 종이 등을 자를 때 사용하면 이것만큼 매끈하게 잘리는 것이 없지요. 우편물이나 택배물을 해체할 때도 요긴하게 쓰이는 이 편리한 도구는 우리의 일상 속에 없어서는 안 될 중요한 문구입니다. 익숙한 디자인의 커터칼을 그려보아요.

1

'**기본 연필**' 브러시를 이용하여 한쪽으로 기울어진 마름모를 그려주고 1:2 비율로 면적을 나눠줍니다.

[사용 툴]

 기본 연필

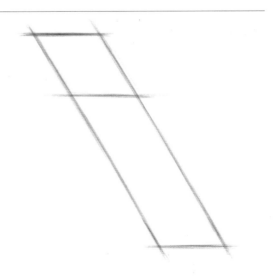

2

그려진 마름모를 기준으로 세부적인 형태를
스케치 해줄 거예요. 1:2 비율 중 1은 칼날이,
2는 몸통이 될 겁니다. 칼날의 두께는 몸통의
두께보다 얇게 그려주는 게 포인트예요.

3

'**새 레이어**'를 추가합니다. '**잉크 펜**' 브러시를
이용해서 새로 생성된 레이어에 스케치된 그
림을 따라 선으로 깔끔하게 그려줍니다.

[사용 툴]

 잉크 펜

 DRAWING TIP '예측 스트로크' 도구 사용하기

굴곡진 선을 그릴 때 한 번에 유연하게 그리면 좋으련만 생각처럼 쉬운 작업이 아니지요.
나도 모르게 손이 떨리면서 예상과는 다른 모양의 선이 그려지기 부지기수입니다. 이럴
때 사용하면 좋은 도구가 바로 '예측 스트로크'입니다. 그려진 선에 보정이 가해지면서
한결 매끄러운 선을 그릴 수 있어요. 예측 스트로크 아이콘은 위쪽 도구막대에 있습니다.

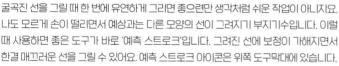

4

'**스케치 레이어**'와 '**라인 레이어**' 사이에 '**새 레
이어**'를 생성한 후 해당 레이어에서 '**테이퍼
형 페인트**' 브러시를 이용해서 기본 채색을
합니다.

[사용 툴]

 테이퍼형 페인트

[사용 색상]

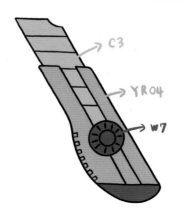

5

칼날의 질감을 살리고 음영 효과를 극대화시
켜 볼게요. '**연필 팔레트**' 브러시와 '**기본 연필**'
브러시를 이용해서 입체감을 표현하기 위해
음영과 하이라이트를 넣어줍니다.
'**기본 연필**' 브러시를 이용해서 채색을 할 때
세로 방향으로 차분하게 칠해주는 게 좋아요.

[사용 툴]

 연필 팔레트   글레이즈

[사용 색상]

| C00 | C6 | 100 | YR07 |

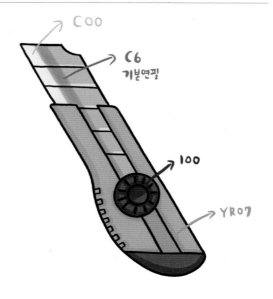

6

'**연필 팔레트**' 브러시를 이용해서 빛에 반사
되는 부분을 표현해주면 완성! 예리한 칼날의
모습을 표현한다는 느낌으로 진행해 주세요.

[사용 툴]

 연필 팔레트

[사용 색상]

| E0000 |

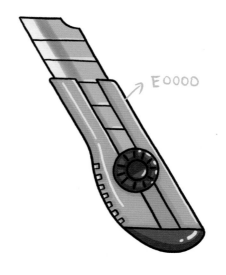

문구 ❺

수정테이프

• • •

펜으로 쓴 글씨는 수정하기가 참 난감하지요. 그럴 때 깔끔하게 덮어서 수정할 수 있게 해주는 수정테이프가 없었더라면 정성 들여 필기한 노트에 지저분하게 취소선을 그어가며 수정을 해야 했을지도 몰라요. 펜을 자주 쓰는 사람들에겐 너무나도 친숙한 수정테이프를 그려볼게요.

1

'**기본 연필**' 브러시를 이용해서 원을 하나 그린 후 적당한 기울기의 중심선과 그 선들로 모이는 선들을 그려서 고깔 모양을 그립니다.

[사용 툴]

 기본 연필

2

그려진 원과 직선을 기준으로 수정테이프의 모양을 잡아볼게요. 몸통 안에 톱니바퀴를 그릴 땐 간략하게 원을 스케치한 후 그 선을 따라서 그려주는 식으로 진행하면 훨씬 편합니다.

DRAWING TIP

 사진처럼 원 모양을 따라 톱니바퀴 모양을 그려줍니다.

3

'**새 레이어**'를 추가합니다. '**아트 연필**' 브러시를 이용해서 새로 생성된 레이어에 스케치된 그림을 따라 선으로 깔끔하게 그려줍니다. 굴곡진 부분을 그릴 땐 '**예측 스트로크**' 기능을 사용하면 편리합니다.

[사용 툴]

 아트 연필

4

'**스케치 레이어**' 와 '**라인 레이어**' 사이에 '**새 레이어**'를 생성한 후 해당 레이어에 '**테이퍼형 페인트**' 브러시를 이용해서 꼼꼼하게 채색합니다.

[사용 툴]

 테이퍼형 페인트

[사용 색상]

B66 100 C0

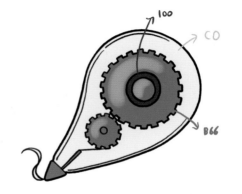

5

효과를 입혀볼까요? '**연필 팔레트**' 브러시를 이용해서 입체감을 표현해주고 '**글레이즈**' 브러시와 '**기본 연필**' 브러시를 이용해서 부드러운 음영을 넣어줍니다.

[사용 툴]

 연필 팔레트   글레이즈

 기본 연필

[사용 색상]

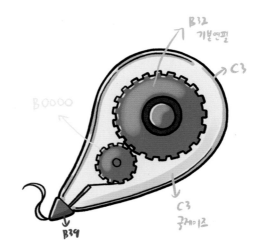

6

'**기본 연필**' 브러시를 이용해서 빛에 반사되는 부분을 표현해주면 끝! 수정테이프의 몸통 부분은 투명한 재질에 반사되는 빛을 표현한다는 느낌으로 그려주세요.

[사용 툴]

 기본 연필

[사용 색상]

White

동물

ANIMAL

반려동물로 친숙한 강아지와 고양이,

시골 할머니 댁에 가면 쉽게 볼 수 있었던 돼지와 소까지

우리 일상 속 동물들을 그려봅시다.

각자의 트레이드마크를 잘 살려서

그리는 것이 포인트예요.

동물 ❶

강아지

· · ·

주인을 잘 따르는 동물 하면 가장 먼저 떠오르는 강아지는 사람과의 관계가 깊은 동물입니다. 동글동글한 눈으로 무언가를 빤히 쳐다보는 귀여운 강아지를 그려볼게요.

1

'**기본 연필**' 브러시를 이용해서 적절한 위치에 직사각형 3개를 그립니다. 위쪽의 직사각형 두 개는 겹치도록 그려주세요.

[사용 툴]

 기본 연필

DRAWING TIP
'**그리기 스타일' 도구 활용하기**
사각형을 일일이 그리기가 귀찮다면 도구막대 중 '그리기 스타일' 도구를 선택하면 편리합니다. '직사각형' 탭을 선택해 그리면 사각형들을 손쉽게 그릴 수 있습니다.

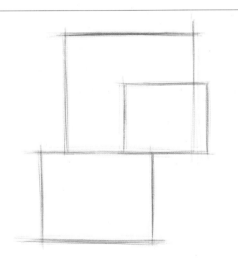

2

사각형들을 기준으로 강아지의 모양을 스케치해 볼게요. 각 사각형의 크기감을 유지하면서 세부적인 형태를 잡아준다는 느낌으로 그려주면 훨씬 편합니다.

3

'**새 레이어**'를 추가합니다. '**아트 연필**' 브러시를 이용해서 새로 생성된 레이어에 스케치한 그림을 따라 깔끔한 선으로 정리해 줍니다.

[사용 툴]

 아트 연필

4

'**스케치 레이어**'와 '**라인 레이어**' 사이에 '**새 레이어**'를 생성한 후 해당 레이어에 '**테이퍼형 페인트**' 브러시를 이용해서 채색을 합니다.

[사용 툴]

 테이퍼형 페인트

[사용 색상]

5

드로잉을 입체적으로 보이기 위한 효과를 입혀 볼게요. '**연필 팔레트**' 브러시와 '**기본 연필**' 브러시를 이용해서 음영을 넣어줍니다. 강아지의 주둥이 부분은 점을 찍는 듯한 느낌으로 진행해 주세요.

[사용 툴]

 연필 팔레트   기본 연필

[사용 색상]

6

'**연필 팔레트**'와 '**기본 연필**' 브러시를 이용해서 빛에 반사되는 부분을 표현해 주면 완성! 눈동자에는 너무 과하지 않게 작은 점을 찍어서 초롱초롱한 느낌을 표현해 주세요.

[사용 툴]

 연필 팔레트   기본 연필

[사용 색상]

동물 ❷
고양이
• • •

액체같이 유연하고 말랑하지만 날쌘 몸놀림을 지닌 고양이입니다. 인간을 집사로 만들어 버릴 정도로 특유의 매력적인 눈매와 톡톡 쏘는 성격은 가히 중독적이지요. 마시멜로처럼 부드러운 고양이를 그려볼게요.

1

'**기본 연필**'을 이용해 크고 작은 직사각형 사이에 마름모를 하나 끼워서 그려줍니다.

[사용 툴]

 기본 연필

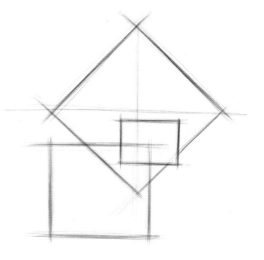

2

그려진 사각형과 마름모들을 이용해서 귀여운 고양이의 모습을 스케치해 볼게요. 마름모의 외곽선을 기준 삼아 살짝 둥글고 통통하게 모양을 잡아준다는 느낌으로 그려주세요. 고양이의 얼굴이 될 부분입니다. 아래쪽의 사각형은 고양이의 앙증맞은 몸통이 될 거예요.

DRAWING TIP 레이어를 활용해 효과적으로 스케치하는 방법

스케치를 하다 보면 자잘한 선이 너무 많아져서 그림이 지저분해지는 경우가 발생합니다. 이럴 때는 '새 레이어'를 추가한 뒤 이전에 그렸던 레이어(스케치 레이어)의 불투명도를 낮춰 두고 새 레이어에서 라인을 따면 작업이 한결 수월합니다.

3

라인을 따 볼까요? '**새 레이어**'를 추가합니다. '**잉크 펜**' 브러시를 이용해서 새로 생성된 레이어에 스케치된 그림을 따라 깔끔한 선으로 그려줍니다.

[사용 툴]

 잉크 펜

4

'**스케치 레이어**'와 '**라인 레이어**' 사이에 '**새 레이어**'를 생성하고 해당 레이어에 '**테이퍼형 페인트**' 브러시로 채색을 합니다. 라인 밖으로 삐져 나가지 않게 세심하게 색칠해 주세요.

[사용 툴]

 테이퍼형 페인트

[사용 색상]

5

효과를 입혀 볼까요? '**연필 팔레트**' 브러시로 입체감을 표현해주고 '**기본 연필**' 브러시를 이용해서 부드러운 털의 무늬를 표현해줍니다.

[사용 툴]

 연필 팔레트　　 기본 연필

[사용 색상]

73

6

'**연필 팔레트**' 브러시를 이용해서 털의 밝은 부분과 빛에 반사되어 반짝이는 모습을 표현해 주면 완성입니다.
털 부분의 하이라이트는 너무 진하지 않고 부드럽게 칠하듯 진행해주세요.

[사용 툴]

 연필 팔레트

[사용 색상]

White

→ white

동물 ❸
돼지

· · ·

꿀꿀거리며 커다란 코를 들이미는 이미지가
인상적인 동물이지요. 많이 먹고 미련한 동물
이라는 인식이 강하지만 의외로 머리가 굉장
히 좋은 편이라고 하네요? 귀여운 표정으로 트
레이드마크인 코를 자신있게 추켜세우고 있는
돼지를 그려봅시다.

1

'**기본 연필**'을 이용해서 직사각형 두 개와 원
하나를 겹쳐지는 모양으로 그려줍니다.

[사용 툴]

 기본 연필

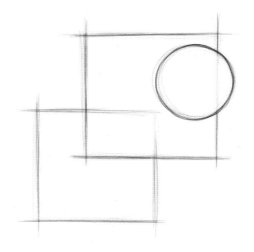

2

그려진 사각형들과 원을 기준으로 본격적인 모양을 잡아줄게요. 원의 모양에 맞춰서 트레이드마크인 코를 그린 후 전체적으로 둥글둥글하게 깎아준다는 느낌으로 그려주세요.

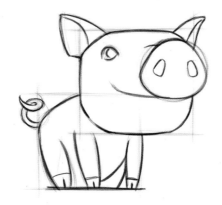

3

'새 레이어'를 추가합니다. '**아트 연필**' 브러시를 이용해서 새로 생성된 레이어에 스케치된 그림을 따라 라인을 그려줍니다.

[사용 툴]

 아트 연필

4

'**스케치 레이어**'와 '**라인 레이어**' 사이에 '**새 레이어**'를 생성한 후 해당 레이어에 '**테이퍼형 페인트**' 브러시를 이용해서 채색을 합니다.

[사용 툴]

 테이퍼형 페인트

[사용 색상]

5

그림을 꾸며 볼게요. **'연필 팔레트'** 브러시를 이용해서 음영을 넣어줍니다. 입체감 있는 효과를 표현할 거예요.

[사용 툴]

 연필 팔레트

[사용 색상]

6

'연필 팔레트' 브러시를 이용해서 빛에 반사되는 부분을 표현해주고 **'에어브러시'**를 이용해 약간의 홍조를 넣어주면 귀여운 돼지가 완성됩니다. 혈색 좋은 느낌을 생각하며 표현해주면 훨씬 좋아요.

[사용 툴]

 연필 팔레트 에어브러시

[사용 색상]

DRAWING TIP 에어브러시 사용하기

 '에어브러시'는 부드럽고 고운 느낌으로 채색하고자 할 때 사용하는 브러시입니다. 미묘한 색의 변화나 볼륨감을 주고자 할 때 사용하면 좋습니다.

동물 ❹

소

· · ·

푸른 들판에 한가로이 풀을 뜯는 소를 바라보면 마음이 평온해집니다. 거기서 느껴지는 여유와 살랑살랑 불어오는 바람을 상상해보면 마치 들판 한가운데에 와 있는 듯한 기분이 들기도 하지요. 여유로움 하면 떠오르는 동물, 소를 그려볼게요.

1

'**기본 연필**'을 이용해서 직사각형 하나와 정사각형 하나를 그립니다. 그중 하나는 그림처럼 각도를 살짝 틀어주세요.

[사용 툴]

 기본 연필

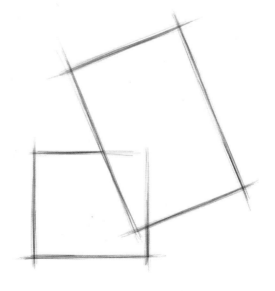

2

두 개의 사각형들을 기준으로 스케치 작업에
들어갈게요. 사각형의 크기감을 유지하면서
모양을 잡아주세요. 각도가 틀어진 직사각형
은 소의 머리가, 아래 정사각형은 몸통이 될
거예요.

3

'새 레이어'를 추가해 주세요. '아트 연필' 브
러시를 이용해 새로 생성된 레이어에 스케치
된 그림을 따라 윤곽을 깔끔한 선으로 그려
줍니다.

[사용 툴]

 아트 연필

4

'스케치 레이어'와 '라인 레이어' 사이에 '새 레
이어'를 생성하고 해당 레이어에 '테이퍼형
페인트' 브러시를 이용해서 채색을 합니다.

[사용 툴]

 테이퍼형 페인트

[사용 색상]

 E33 E49 C00 E01 E17 R22

5

효과를 더해 볼까요? '**연필 팔레트**' 브러시를
이용해서 입체감을 표현해주고, '**글레이즈**'
브러시를 이용해서 코 부분의 색감 변화를
부드럽게 넣어줍니다.

[사용 툴]

 연필 팔레트   글레이즈

[사용 색상]

DRAWING TIP 펜의 틸트(Tilt) 기능 활용하기

오토데스크 스케치북은 펜을 기울이는 정도에 따라 선의 굵기가 달라지는 기능을 가
지고 있습니다(단, 전용 스타일러스 펜 사용 시에만 지원함). 이를 틸트(Tilt; 기울기)
라 합니다. 이 기능을 이용하면 원하는 용도에 따라 칠하는 면적을 각기 다르게 줄 수
있습니다.

6

'**연필 팔레트**' 브러시를 이용해서 빛에 반사
되는 부분을 표현해주면 끝! 눈동자에는 너
무 과하지 않게 작은 점을 찍어서 소의 맑은
눈망울을 표현해 주세요.

[사용 툴]

 연필 팔레트

[사용 색상]

동물 ❺
앵무새

· · ·

사람의 말을 조곤조곤 따라 하는 이 귀염둥이
는 아름다운 깃털의 색깔과 더불어서 매력이
넘치는 동물입니다. 동글동글한 눈에 오색찬
란한 깃털 색을 가진 앵무새는 헤어나오기 힘
든 매력을 소유하고 있지요. 당장이라도 '안녕
하세요!'라고 외칠 듯한 앵무새 한 마리를 그려
볼게요.

1

'**기본 연필**'로 십자 모양의 선을 살짝 그리고
십자 모양을 중심으로 길쭉한 타원형을 그립
니다.

[사용 툴]

 기본 연필

DRAWING TIP

편집도구 패널 중 '그리기 스타일' 도구
를 활용하면 편리합니다.

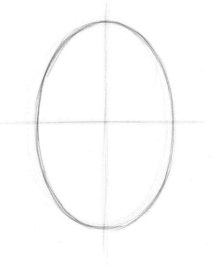

2

그려진 타원을 기준으로 본격적인 새의 모양을 잡아줄게요. 십자 모양의 선을 중심으로 비율을 재가면서 머리와 몸통을 그린 후 부리와 날개 같은 세부적인 형태를 잡아주면 훨씬 편합니다.

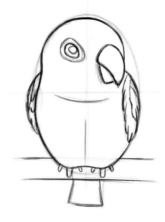

3

'새 레이어'를 추가합니다. '**아트 연필**' 브러시를 이용해서 새로 생성된 레이어에 스케치된 그림을 따라 선으로 깔끔하게 그려줍니다.

[사용 툴]

 아트 연필

4

'스케치 레이어'와 '라인 레이어' 사이에 '**새 레이어**'를 생성한 후 해당 레이어에 '**테이퍼형 페인트**' 브러시를 이용해서 채색을 합니다.

[사용 툴]

 테이퍼형 페인트

[사용 색상]

E0000	R14	W10	Y35	YG67	E37

E77

5

입체감 있어 보이도록 효과를 입혀 보겠습니다. '**혼합**' 브러시를 이용해서 깃털의 색상이 자연스럽게 그러데이션 되도록 한 후에 '**연필 팔레트**' 브러시를 이용해서 깃털의 질감을 표현합니다. '**글레이즈**' 브러시로 부리에 음영도 넣어주세요.

[사용 툴]

 연필 팔레트 글레이즈

[사용 색상]

R05	W4	Y38	G29	E29	Black

6

'**연필 팔레트**' 브러시를 이용해서 빛에 반사되는 부분을 표현해줍니다. 부리, 나뭇가지, 꽁지 부분에도 마찬가지로 반사된 모습을 표현해 주세요.

[사용 툴]

 연필 팔레트

[사용 색상]

Y11	E0000	White

과일

FRUIT

과일 하면 제일 먼저 새콤달콤한 과즙과

과육의 다채로운 식감이 떠오릅니다.

특유의 상큼함으로 늘 우리의 기분을 좋게 만들어주는

과일의 특성을 잘 살려서 그려볼게요.

과일 ❶
사과
• • •

탐스럽고 불그스름한 사과를 떠올리면 언제나 풍요로운 느낌이 들지요. 사과가 주렁주렁 열려있는 어느 가을 날의 과수원을 떠올리며 붉게 잘 익은 사과를 그려보겠습니다. 온전한 것 하나, 반으로 가른 것 하나를 같이 그려볼게요.

1 _____

'**기본 연필**'을 사용하여 절반 정도 겹치는 모양의 원 두 개를 그립니다.

[사용 툴]

 기본 연필

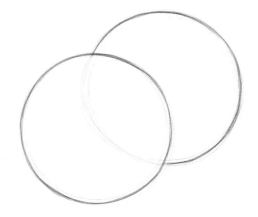

2

두 개의 원을 중심으로 사과의 모양을 잡아볼
게요. 앞쪽 원은 사과의 단면이, 뒤쪽 원은 사
과의 전체 모습이 될 거예요. 굴곡진 외곽 라
인을 그린다는 느낌으로 모양을 잡아줍니다.

3

'**새 레이어**'를 추가합니다. '**아트 연필**' 브러시
를 이용해서 새로 생성된 레이어에 스케치
한 사과 밑그림을 바탕으로 깔끔하게 선을
땁니다.

[사용 툴]

 아트 연필

4

'**스케치 레이어**'와 '**라인 레이어**' 사이에 '**새 레
이어**'를 생성하고 해당 레이어에 '**테이퍼형
페인트**' 브러시를 이용해서 채색을 시작할게
요. 잘 익은 사과의 노르스름한 속과 발그레
한 표면 색을 살려봅니다.

[사용 툴]

 테이퍼형 페인트

[사용 색상]

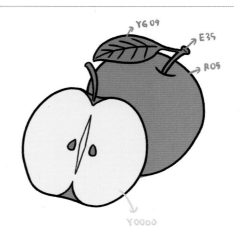

86

5

'연필 팔레트' 브러시를 이용해서 껍질의 경계와 요소의 입체감을 표현해주고 '글레이즈' 브러시를 이용해서 사과의 매끈한 표면을 표현해줍니다. '기본 연필' 브러시로는 사과 속살의 미묘한 그러데이션을 넣어주면 좋습니다.

[사용 툴]

 연필 팔레트 글레이즈

 기본 연필

[사용 색상]

R29 　 R05 　 YG21 　 E49

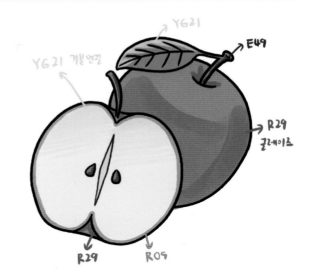

6

탐스러운 사과를 표현하기 위해 효과를 추가해 볼게요. '글레이즈' 브러시를 이용해서 사과 표면의 반짝거리는 부분을 표현해주고 '연필 팔레트' 브러시로는 사과씨의 밝은 부분을 표현해 주세요. 자, 탐스러운 사과가 완성됐습니다.

[사용 툴]

 글레이즈 연필 팔레트

[사용 색상]

E0000

과일 ❷
오렌지
• • •

껍질을 벗기면 상큼한 향내를 뿜어내고, 수분을 가득 머금은 과육은 상상만으로도 우리 기분을 좋아지게 만들죠. 이번에 그려볼 과일은 바로 오렌지입니다. 동글동글하고 귀여운 외형과 새콤달콤한 풍미 덕분에 누구나 좋아하는 과일이기도 합니다. 오렌지 원형의 모습과 단면, 오렌지의 잎까지 한 번에 그려볼게요.

1

사과와 마찬가지로 '**기본 연필**'을 이용해서 서로 반 정도 겹치는 원 두 개를 그려줍니다.

[사용 툴]

 기본 연필

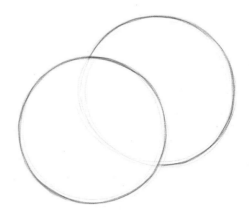

2

원 두 개를 기준으로 오렌지의 모양을 잡아 볼게요. 앞쪽에 있는 원 안에 조금 더 작은 원을 그리고 그 윤곽선을 따라 오렌지의 속살 부분을 그립니다. 미리 8등분 한 보조선을 그리고 자리를 잡으면 더 편리해요. 뒤쪽의 원은 오렌지의 겉면을 그려줍니다.

3

'새 레이어'를 추가합니다. 새로 생성된 레이어에서 '아트 연필' 브러시를 사용하여 스케치한 그림을 따라 선으로 깔끔하게 그려줍니다.

[사용 툴]

 아트 연필

4

'스케치 레이어'와 '라인 레이어' 사이에 '새 레이어'를 생성하여 채색 레이어를 만듭니다. 해당 레이어에서 '테이퍼형 페인트' 브러시로 채색을 합니다. 선 밖으로 삐져 나가지 않게 칠해 주세요.

[사용 툴]

 테이퍼형 페인트

[사용 색상]

| Y38 | YR07 | G14 |

5

'**기본 연필**' 브러시를 이용해서 오렌지 껍질의 입체감을 표현해주고 '**글레이즈**' 브러시로 앞에 있는 원의 안쪽(중심부)부터 바깥 쪽으로 겹침 효과를 이용해 속살의 결을 표현해줍니다. '**연필 팔레트**' 브러시로는 껍질의 경계선을 표현해주는 게 좋습니다.

[사용 툴]

 기본 연필　　 글레이즈

[사용 색상]

YR07　Y21　YG67　E0000

YR07 기본연필

Y21 글레이즈

E0000　YG 67

DRAWING TIP '**기본 연필**' **브러시로 질감 표현하기**

'기본 연필' 브러시의 사이즈를 적당하게 키워준 채로 원의 방향에 맞춰 겹쳐서 칠해주면 오렌지 특유의 오돌토돌한 질감을 표현할 수 있습니다.

6

'**연필 팔레트**' 브러시를 이용해서 속살과 표면의 반짝거리는 부분을 표현해주면 완성! 점을 찍는 듯한 묘사 방식으로 과하지 않게 진행해 주세요.

[사용 툴]

 연필 팔레트

[사용 색상]

YR0000

YR0000

과일 ❸

포도

• • •

동글동글 작고 귀여운 알맹이들이 옹기종기
모여 있는 포도는 한 알 한 알 그려나가는 재미
가 있습니다. 줄기를 중심으로 알알이 맺힌 모
습을 탐스럽고 먹음직스럽게 그려볼게요. 각자
다양한 모양으로 그려보시길 추천드립니다.

1

'**기본 연필**' 브러시로 큰 타원 하나를 그리고
그 안에 작은 원 세 개를 살짝 겹쳐지도록 그
려줍니다.

[사용 툴]

 기본 연필

2

타원들을 기준으로 포도의 모양을 잡아봅시
다. 포도 알맹이들이 모인 큰 덩어리를 세 그
룹으로 나누어서 덩어리지게끔 해주는 느낌
으로 스케치해 주세요.

3

'새 레이어'를 추가합니다. '아트 연필' 브러시
로 새 레이어에서 스케치된 그림을 따라 매
끈한 선으로 라인을 따주세요.

[사용 툴]

 아트 연필

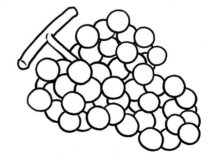

4

'스케치 레이어'와 '라인 레이어' 사이에 '새 레
이어'를 생성하고 새 레이어에서 '테이퍼형
페인트' 브러시로 기본 채색을 해주세요.

[사용 툴]

 테이퍼형 페인트

[사용 색상]

YG17	V17

5

'**연필 팔레트**' 브러시로 포도알들과 포도 줄기의 입체감을 표현해주고 '**글레이즈**' 브러시를 이용해서 톡톡 두드리는 식으로 알맹이마다 약간씩 색 변화를 넣어줍니다. 이때 너무 힘을 주지 않고 살살 두드리는 게 포인트입니다.

[사용 툴]

 연필 팔레트   글레이즈

[사용 색상]

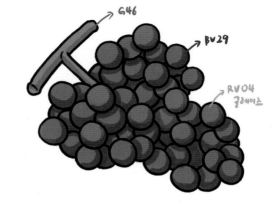

 DRAWING TIP 글레이즈 브러시로 땡땡이 모양 그리기

'글레이즈' 브러시를 원하는 사이즈에 맞게 키워서 톡톡 두드리는 식으로 찍어주면 연한 땡땡이 모양을 손쉽게 그릴 수 있습니다.

6

'**연필 팔레트**' 브러시와 '**기본 연필**' 브러시를 이용해서 빛에 반사되는 부분을 표현해주면 완성! 밝은 부분이 모두 같은 방향을 바라보도록 진행해주세요.

[사용 툴]

 연필 팔레트   기본 연필

[사용 색상]

YG0000 BV0000

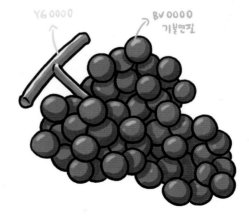

과일 ❹
딸기
• • •

작고 앙증맞은 생김새를 가진 봄 과일, 딸기입니다. 선명한 색감, 새콤달콤한 맛과 향이 생크림과 더없이 잘 어울려 생크림케이크의 데커레이션으로도 많이 활용되는 과일이지요. 먹음직스럽게 잘 익은 딸기를 씨까지 잘 표현해 그려볼게요.

1

'**기본 연필**'로 비슷한 크기의 삼각형들을 세 개 그려줍니다.

[사용 툴]

 기본 연필

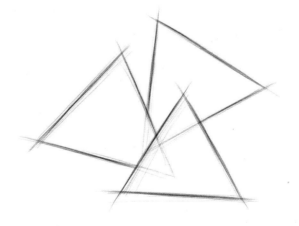

2

그려진 삼각형들을 기준으로 세밀한 모양을 스케치합니다. 삼각형의 비율을 잘 보면서 딸기의 형태를 표현해 준다는 느낌으로 진행해 주세요. 각진 모서리를 부드러운 모양으로 잡아줍니다. 이중 앞쪽 삼각형 하나는 딸기의 절단면을 표현해 줄게요.

3

'새 레이어'를 추가합니다. '아트 연필' 브러시를 이용해서 새로 생성된 레이어에 스케치한 그림을 따라 선으로 깔끔하게 그려줍니다.

[사용 툴]

 아트 연필

4

'스케치 레이어'와 '라인 레이어' 사이에 '새 레이어'를 생성한 후 해당 레이어에 '테이퍼형 페인트' 브러시를 이용해서 채색을 합니다.

[사용 툴]

 테이퍼형 페인트

[사용 색상]

R05 R0000 YG13 YG09

5

'**혼합**' 브러시를 이용해서 딸기의 색상이 그러데이션지는 부분을 잘 풀어주고, '**기본 연필**' 브러시를 이용해서 딸기의 입체감과 속살에 보이는 결을 표현해줍니다. '**연필 팔레트**' 브러시로 그림자도 잡아줄게요.

[사용 툴]

 혼합   기본 연필

 연필 팔레트

[사용 색상]

 R02   R29   G09

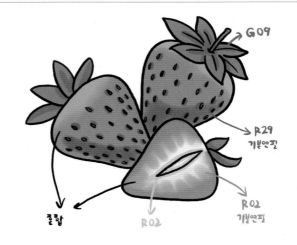

DRAWING TIP 혼합 브러시 사용하기

'혼합' 브러시와 '스머지' 브러시는 여러 가지 색을 자연스럽게 섞여 보이게 해주는 기능을 합니다. 두 브러시는 미묘한 차이가 있는데, '혼합' 브러시는 색상을 부드럽게 섞어 주는 느낌이라면, '스머지' 브러시는 색을 잡아 끌어와서 섞어주는 느낌입니다.

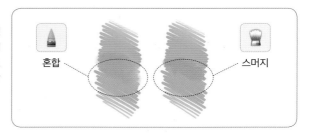

6

'**연필 팔레트**' 브러시를 이용해서 딸기 꼭지 부분과 딸기 씨를 채색해주고 '**기본 연필**' 브러시를 이용해서 딸기 표면의 반짝거리는 부분을 표현해 주세요. 진하게 칠하는 것이 아닌 부드럽게 톡톡 두드린다는 느낌으로 진행해 줍니다.

[사용 툴]

 연필 팔레트   기본 연필

[사용 색상]

 R0000   YG0000   E49

과일 ⑤

아보카도

• • •

아보카도는 투박한 모양새와 다르게 섬세한 맛을 지녔답니다. 한 번 빠지면 헤어나올 수 없는 진한 풍미를 자랑하죠. 초록빛 속살에 큼직한 갈색 씨앗이 떡하니 박혀있어 그리는 재미도 쏠쏠합니다. 탐스러운 아보카도 한 번 그려볼까요?

1

'**기본 연필**'로 비슷한 크기의 타원 두 개를 그려줍니다.

[사용 툴]

 기본 연필

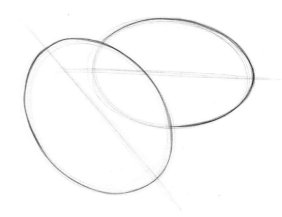

2

타원을 기준으로 본격적으로 아보카도의 모양을 잡아볼게요. 한쪽 끝이 살짝 날씬해져가는 아보카도 특유의 모양을 표현해 주세요.

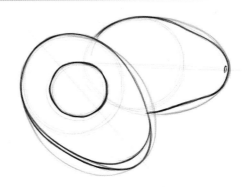

3

'새 레이어'를 추가하여, '아트 연필' 브러시로 스케치한 그림을 바탕으로 깔끔하게 라인을 따줍니다. 아보카도의 우둘투둘한 표면을 표현하기 위해 테두리 라인을 살짝 굴곡지게 나타내면 더욱 좋습니다.

[사용 툴]

 아트 연필

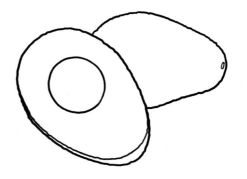

4

'스케치 레이어'와 '라인 레이어' 사이에 '새 레이어'를 생성한 후 해당 레이어에 '테이퍼형 페인트' 브러시로 채색을 합니다. 아보카도의 속살과 동그란 씨앗의 경계 부분에서 선 밖으로 색이 삐져나가지 않도록 주의해서 색칠해 주세요.

[사용 툴]

 테이퍼형 페인트

[사용 색상]

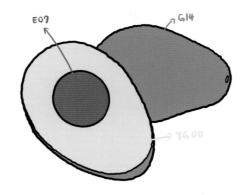

98

5

'**연필 팔레트**' 브러시를 이용해서 씨앗의 입체감을 표현해주고 '**글레이즈**' 브러시로 아보카도 표면의 입체감을 나타냅니다. '마지막으로 '**기본 연필**'로 속살과 껍질의 경계 부분에 음영을 넣어 효과를 극대화시켜줍니다.

[사용 툴]

 연필 팔레트　　 글레이즈

 기본 연필

[사용 색상]

G46　YG06　E29

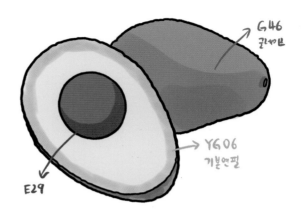

6

'**카무플라주**' 브러시를 이용해서 아보카도의 까끌거리는 표면을 표현해주고 '**연필 팔레트**' 브러시와 '**기본 연필**' 브러시를 이용해서 밝은 부분을 표현해주면 완성입니다. 특히 '카무플라주' 브러시를 사용할 땐 톡톡 두드리듯 진행해 주세요.

[사용 툴]

 카무플라주　　 연필 팔레트

 기본 연필

[사용 색상]

E0000　G20　G29

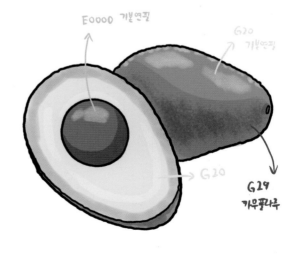

04

카페&
베이커리

CAFE&BAKERY

갓 구운 빵과 따끈한 커피는 언제 먹어도 최고의 조합이지요.

특히 커피는 집집마다, 가게마다

다양한 맛과 모습으로 등장하고는 합니다.

일상에서 자주 접하는 커피나 빵, 케이크 등을 그려보도록 할게요.

카페&베이커리 ❶

커피잔

· · ·

나른한 오후 향긋한 원두 향을 머금은 커피 한
잔의 유혹은 참으로 떨치기 어렵습니다. 따스
한 햇살이 내리쬐는 창가 자리에서 커피 한 잔
을 마시면 오후의 나른함이 금세 달아날 거예
요. 커피가 담긴 커피잔을 그려볼게요.

1

'**기본 연필**'을 이용해서 원과 타원을 하나씩
그려줍니다. 타원이 원을 받치고 있는 듯한
형태로 그려주세요.

[사용 툴]

 기본 연필

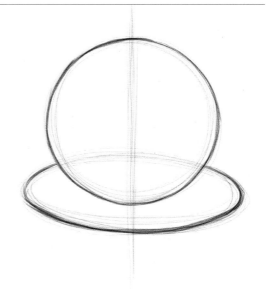

2

그려진 원과 타원을 기준으로 커피잔과 받침을 그려볼게요. 위쪽의 원은 잔이, 아래쪽 타원은 받침이 될 거예요. 원의 모양에 크기를 맞춰준다는 느낌으로 그려주세요.

3

'새 레이어'를 추가합니다. '**잉크 펜**' 브러시를 이용해서 새로 생성한 레이어에 스케치된 그림을 따라 깔끔한 선으로 그려주세요.

[사용 툴]

 잉크 펜

4

'**스케치 레이어**'와 '**라인 레이어**' 사이에 '**새 레이어**'를 생성한 후 해당 레이어에 '**테이퍼형 페인트**' 브러시를 이용해서 채색을 합니다. 커피잔의 무늬도 그려주세요.

[사용 툴]

 테이퍼형 페인트

[사용 색상]

5

'**연필 팔레트**' 브러시를 이용해서 그림자와
입체감을 표현해주고 '**글레이즈**' 브러시를 이
용해서 커피잔에 담긴 커피의 자연스러운 색
감을 표현합니다.

[사용 툴]

 연필 팔레트 글레이즈

[사용 색상]

E49 글레이즈

E23

W4

6

'**연필 팔레트**' 브러시를 이용해서 커피잔과
받침 모서리의 밝은 부분을 표현하고 '**글레이
즈**'로 커피잔 옆면의 빛이 반사된 모습을 표
현하면 완성입니다. 전체적으로 테두리 부분
을 정리한다는 느낌으로 진행해 주세요.

[사용 툴]

 연필 팔레트 글레이즈

[사용 색상]

E0000

White
글레이즈

카페&베이커리 ❷

허니브레드

● ● ●

폭신한 식빵에 새하얀 생크림과 캐러멜 시럽
이 듬뿍 올라간 허니브레드. 보기만 해도 달콤
한 맛이 물씬 느껴지는 디저트입니다. 쌉싸름
한 아메리카노와의 궁합이 제격이지요. 이름처
럼 달콤한 허니브레드를 그려볼게요.

1

'**기본 연필**'로 살짝 납작한 모양의 육각형과
원을 서로 겹치도록 그려주세요.

[사용 툴]

 기본 연필

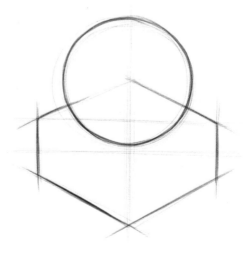

104

2

육각형과 원을 기준으로 허니브레드의 세세
한 모양을 그려줄게요. 원 모양 부분을 캐러
멜 시럽이 뿌려진 생크림으로, 아래 육각형
부분은 식빵, 그 아래에는 접시 모양을 잡아
줍니다.

DRAWING TIP 생크림 그리기

여러 겹으로 쌓아 올린 생크림 모양을 쉽게 그리
는 법을 소개할게요. 크림의 형태를 그리기 전에
기울어진 타원을 여러 개 겹쳐 그려준 후 타원들
의 외각 라인을 따라서 크림의 형태를 잡아주면
쉽게 그릴 수 있습니다.

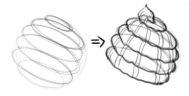

3

'새 레이어'를 추가합니다. '아트 연필' 브러시
를 이용해서 새로 생성된 레이어에 스케치한
그림을 따라 깔끔한 선으로 라인을 따주세요.

[사용 툴]

 아트 연필

4

'**스케치 레이어**'와 '**라인 레이어**' 사이에 '**새 레이어**'를 생성한 후 해당 레이어에 '**테이퍼형 페인트**' 브러시를 이용해서 채색을 합니다.

[사용 툴]

 테이퍼형 페인트

[사용 색상]

Y35	Y32	E33	C00	C0

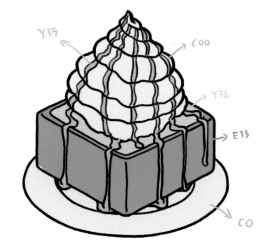

5

'**연필 팔레트**' 브러시를 이용해서 캐러멜 시럽의 밝은 부분과 생크림의 입체감, 그림자를 표현합니다. '**기본 연필**' 브러시로 식빵 테두리의 질감도 나타내 주세요.

[사용 툴]

 연필 팔레트 기본 연필

[사용 색상]

E13	E17	Y11	B60	W4

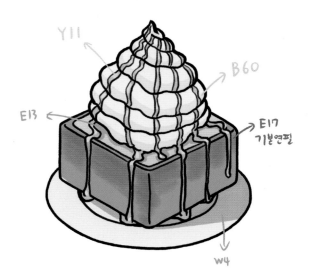

6

'연필 팔레트' 브러시를 이용해서 빛에 반사된 모습을 표현해 주면 완성!
생크림의 몽글거리는 느낌을 생각하면서 진행해 주세요.

[사용 툴]

 연필 팔레트

[사용 색상]

E0000 White

크로플

• • •

크루아상을 와플 모양으로 노릇하게 구워서
그 위에 다양한 토핑을 올려 먹는 디저트입니
다. 버터의 고소함과 생크림의 부드러움, 시럽
의 달콤함이 어우러져 인기가 높은 디저트이
지요. 높은 칼로리 때문에 많이 먹는 게 망설여
지지만 크로플 한 조각을 입에 넣는 순간 퍼지
는 달콤함은 이런 고민 따위를 금세 잊게 합니
다. 요즘 대세, 크로플을 그려볼게요.

1

스케치를 시작해 봅시다. '**기본 연필**'로 피라
미드를 쌓듯이 작은 크기부터 아래로 내려갈
수록 큰 모양의 타원 세 개를 그립니다.

[사용 툴]

 기본 연필

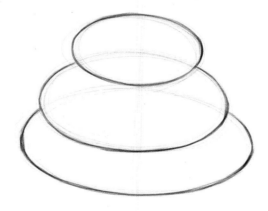

2

그려진 타원들을 기준으로 크로플의 형태를 스케치할게요. 보조선을 이용해서 영역을 분할해 놓은 후 굴곡을 표현한다는 느낌으로 작업해 주세요. 위쪽 원부터 생크림, 크루아상, 접시가 될 것입니다.

3

'새 레이어'를 추가합니다. '아트 연필' 브러시를 이용해서 새로 생성된 레이어에 스케치된 그림을 따라 선으로 깔끔하게 그려줍니다.

[사용 툴]

 아트 연필

4

'스케치 레이어'와 '라인 레이어' 사이에 '새 레이어'를 만들고 해당 레이어에 '테이퍼형 페인트' 브러시로 밑색을 채색해 주세요.

[사용 툴]

 테이퍼형 페인트

[사용 색상]

5

'**기본 연필**' 브러시와 '**연필 팔레트**' 브러시를 이용해서 요소의 입체감과 그림자를 표현합니다. '**글레이즈**' 브러시를 이용해 크루아상의 구워진 부분을 표현해 주세요. '**목탄**' 브러시를 이용해서 시나몬 가루를 뿌린 듯한 느낌을 나타내 주어도 좋습니다.

[사용 툴]

 기본 연필   연필 팔레트

 글레이즈   목탄

[사용 색상]

 E17   E31   E35   W4

 DRAWING TIP '**목탄**' 브러시 활용하기

앞서 소개한 '카무플라주' 브러시보다 좀 더 작은 입자 형태로 만들어진 브러시로, 가루 입자 느낌을 표현하는 데 활용하기 좋은 브러시입니다.

6

'**연필 팔레트**' 브러시를 이용해서 와플 팬 모양으로 파여진 홈 부분의 음영과 생크림이 빛에 반사되어 반짝거리는 효과를 추가해 줄게요. 둥글둥글한 점을 찍어준다는 느낌으로 진행하면 좋습니다.

[사용 툴]

 연필 팔레트

[사용 색상]

 E0000   E39

카페&베이커리 ❹

커피 머신

• • •

요즘은 커피 머신이 워낙 다양하고 잘 만들어
져 나오다 보니 집에서도 얼마든지 향미 좋은
커피를 즐길 수 있습니다. 집안 가득 커피 향을
채우며, 우리집을 순식간에 카페로 변신시키
는 커피 머신을 그려볼게요.

1

'**기본 연필**'을 이용해서 십자 모양의 선을 가
볍게 그어 주고, 그 선을 중심으로 육각형 모
양을 그립니다. 브러시의 사이즈는 5~10 정
도로 맞춰 놓고 하는 게 좋습니다.

[사용 툴]

 기본 연필

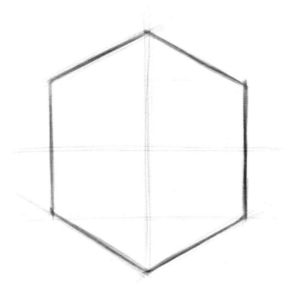

2

육각형을 기준으로 커피 머신의 세밀한 모양을 하나하나 그려볼게요. 미리 그려둔 육각형의 외곽선과 평행한 선들을 연하게 그어놓고 그려주면 훨씬 편합니다.

DRAWING TIP 간단하게 투시 잡기

이번 커피 머신 그리기에서는 투시법을 이용해 그림을 그려보겠습니다. 어렵게 느껴지는 투시법도 쉽게 그릴 수 있는 방법을 알려드릴게요. 1번 과정에서 그려놓은 육각형을 기준으로 각 모서리들에서 평행하는 선들을 연하게 그려두고 그 선을 기준으로 밑그림을 그리면 훨씬 수월합니다.

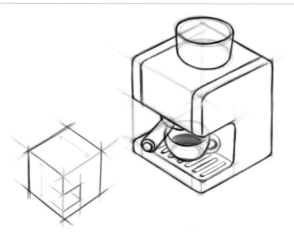

3

'새 레이어'를 추가한 후에 '잉크 펜' 브러시를 이용해서 새로 생성된 레이어에 스케치된 그림을 따라 매끈한 선으로 라인을 따주세요.

[사용 툴]

 잉크 펜

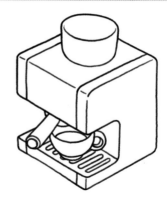

4

'스케치 레이어'와 '라인 레이어' 사이에 '새 레이어'를 생성한 후 해당 레이어에 '테이퍼형 페인트' 브러시를 이용하여 밑색을 칠해줍니다.

[사용 툴]

 테이퍼형 페인트

[사용 색상]

E49	E29	100	W1	W5	C2

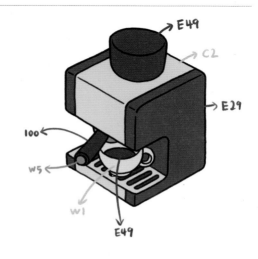

5

'**연필 팔레트**' 브러시를 이용해서 그림자를 표현합니다. 칠해진 밑색보다 살짝 채도가 낮은 색상을 사용하여 테두리 선 위주로 칠한다는 느낌으로 진행해 주세요.

[사용 툴]

 연필 팔레트

[사용 색상]

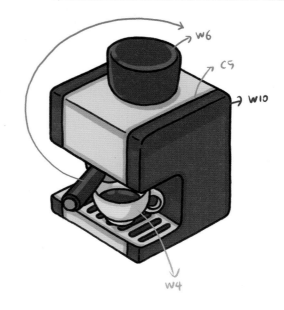

6

'**연필 팔레트**' 브러시를 이용해서 빛에 반사되어 빛이 나는 부분을 표현합니다. 커피 머신의 매끈함을 표현한다는 느낌으로 진행해 주세요.

[사용 툴]

 연필 팔레트

[사용 색상]

카페

• • •

원두 볶는 소리와 코끝을 자극하는 기분 좋은 커피 향이 가득한 공간, 카페입니다. 요즘은 커피를 파는 공간이라고 생각이 들지 않을 정도로 감각적인 인테리어가 돋보이는 카페들도 많아졌지요. 간단한 도형을 이용해 아늑한 분위기의 카페를 그려보겠습니다.

1

'**기본 연필**'을 이용해서 큰 직사각형 하나와 작은 사다리꼴 하나를 그립니다.

[사용 툴]

 기본 연필

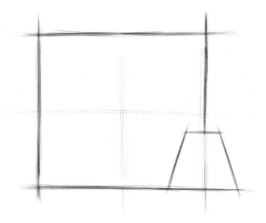

114

2

그려진 직사각형과 사다리꼴을 기준으로 카페의 세세한 부분을 스케치해 볼게요. 위쪽 부분은 직사각형을 작은 직사각형들로 쪼개준다는 느낌으로 표현해주면 좋아요. 아래쪽의 작은 사다리꼴은 입간판이 될 거예요.

DRAWING TIP 간단하게 사람 그리기

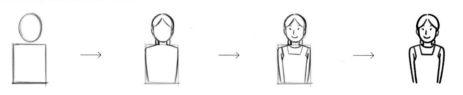

타원과 사각형을 그립니다. | 머리카락과 어깨 라인을 사람의 실루엣에 맞게 표현합니다. | 그려둔 외곽선을 바탕으로 세부적인 사람의 형태를 그려줍니다. | 깔끔하게 선을 따주면 완성!

3

'새 레이어'를 추가합니다. **'아트 연필'** 브러시를 이용해서 새로 생성된 레이어에 스케치된 그림을 따라 깔끔하게 라인을 따주세요.

[사용 툴]

 아트 연필

4

예쁘게 밑색을 입혀 볼게요. '**스케치 레이어**'
와 '**라인 레이어**' 사이에 '**새 레이어**'를 추가한
후, 해당 레이어에 '**테이퍼형 페인트**' 브러시
를 이용해서 채색을 합니다. 요소가 많은 만
큼 사용하는 색상이 많아요.

[사용 툴]

 테이퍼형 페인트

[사용 색상]

5

'**연필 팔레트**' 브러시를 이용해서 요소의 입
체감과 그림자를 표현해주고 '**글레이즈**' 브러
시를 이용해서 유리문의 음영을 부드럽게 넣
어줍니다.

[사용 툴]

 연필 팔레트   글레이즈

[사용 색상]

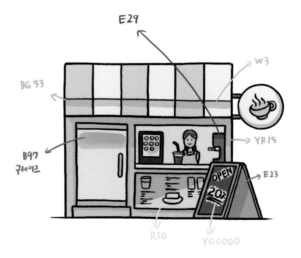

6

'**연필 팔레트**' 브러시를 이용해서 빛을 받는 부분을 표현하면 끝!
군데군데 직선 모양으로 반사되는 효과를 나타내주세요.

[사용 툴]

 연필 팔레트

[사용 색상]

E0000	Y11	C00	White

주방용품

KITCHENWARE

맛있는 음식을 만들기 위해서는

신선한 식재료와 조리도구, 음식을 먹을 장소가 필요합니다.

이 모든 것이 이루어지는 공간이 바로 주방이지요.

프라이팬, 냉장고 등 주방 곳곳을 채우고 있는

주방용품을 그려볼게요.

프라이팬과
달걀프라이

• • •

간단하게 한 끼 때우기 좋은 달걀프라이와 이를 부치고 있는 프라이팬입니다. 식용유를 두른 프라이팬 위에 노릇노릇하게 익어가는 달걀프라이와 따뜻한 밥 한 그릇, 생각만으로도 저절로 군침이 돕니다. 프라이팬 위에서 지글지글 익고있는 달걀프라이를 그려볼까요?

1

'**기본 연필**' 브러시를 이용해서 타원 하나와
긴 직사각형을 그려줍니다.

[사용 툴]

 기본 연필

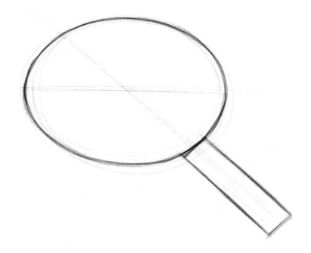

119

2

본격적으로 세세한 모양을 잡아볼게요. 타원
안에 조금 더 작은 타원을 하나 그린 후, 그 안
에 달걀프라이를 그립니다. 달걀프라이는 일
그러진 원 모양으로 그린 후 그 안에 노른자
모양의 동그란 원을 그리면 됩니다. 직사각형
모양은 프라이팬 손잡이 부분으로, 그림처럼
모양을 잡아주세요.

3

'새 레이어'를 추가해서 라인을 따봅시다. '아
트 연필' 브러시를 이용해서 새로 생성된 레
이어에 스케치된 그림을 따라 깔끔한 선으로
그려주세요.

[사용 툴]

 아트 연필

4

'**스케치 레이어**'와 '**라인 레이어**' 사이에 '**새 레이어**'를 만듭니다. 생성한 새 레이어에서 '**테이퍼형 페인트**' 브러시를 이용해서 채색을 해줍니다.

[사용 툴]

 테이퍼형 페인트

[사용 색상]

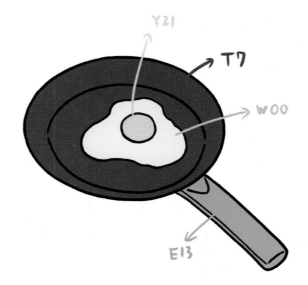

5

그림에 음영 효과를 넣어 입체감 있는 느낌을 넣어 볼게요. '**연필 팔레트**' 브러시를 이용하여 테두리 선을 따라서 차분하게 진행해 주면 됩니다.

[사용 툴]

 연필 팔레트

[사용 색상]

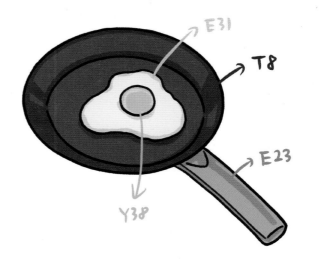

6

더 실감나는 효과를 넣어줘 볼게요. **'연필 팔레트'** 브러시를 이용해서 달걀과 프라이팬의 반짝거리는 부분을 표현해주고 **'목탄'** 브러시를 이용해서 기름이 튀기는 모습을 표현해주면 완성! 톡톡 두드리듯 터치한다는 느낌으로 표현해 주세요.

[사용 툴]

 연필 팔레트 목탄

[사용 색상]

E0000	C7	White

C7
E0000
목탄
white

DRAWING TIP **목탄 브러시**

이번 프라이팬 그리기에서 사용된 목탄 브러시 효과에 대해 알아볼게요. 브러시 라이브러리 텍스처 코너에 있는 '목탄 브러시'는 가루를 흩뿌리는 듯한 효과를 낼 수 있는 브러시입니다. 이 외에도 '점_2 브러시'도 유사한 효과를 낼 수 있습니다.

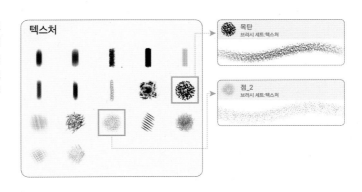

텍스처

목탄
브러시 세트:텍스처

점_2
브러시 세트:텍스처

식재료가
가득 찬 냉장고

• • •

냉장고 문을 열었을 때 각종 식재료와 군것질
거리가 가득 차 있으면 그것보다 더 든든할 때
가 없을 거예요. 냉장고는 사계절 내내 신선한
음식들을 맛볼 수 있게 해주는 고마운 존재이
지요. 냉장고를 한번 그려볼게요.

1

'**기본 연필**' 브러시로 살짝 길쭉한 모양의 육
각형을 그려줍니다.

[사용 툴]

 기본 연필

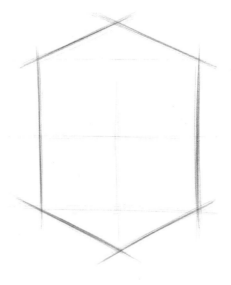

2 ―――

그려진 육각형을 기준으로 냉장고의 모양을
잡아줍니다. 외곽선과 평행한 선들을 그어주
면서 입체감 있는 냉장고의 모양을 잡아갑니
다. 육각형 중 왼쪽 면은 열린 냉장고의 문을
표현해 볼게요. 열려진 냉장고 문 안쪽 선반
안에 채워진 여러 식재료를 세세하게 그려줍
니다.

★ 냉장고 문 안쪽 선반은 각자 원하는 식재
료 또는 집에 있는 식재료를 보고 따라 그려
도 좋아요.

3 ―――

스케치한 그림 위에 라인을 따볼게요. **'새 레
이어'**를 추가하고, **'아트 연필'** 브러시를 이용
해 1~2번에서 스케치한 그림을 따라 선을 따
줍니다.

[사용 툴]

 아트 연필

4

'스케치 레이어'와 '라인 레이어' 사이에 '새 레이어'를 생성한 후 새 레이어에서 '테이퍼형 페인트' 브러시로 채색을 합니다.

사용 툴]

 테이퍼형 페인트

[사용 색상]

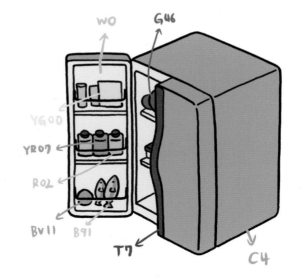

5

'연필 팔레트' 브러시를 이용해서 그림자 효과를 넣어 요소들의 입체감을 표현해 줄게요. 그리고 '글레이즈' 브러시로 반짝거리는 표면을 나타내 보겠습니다. 특히 냉장고 겉면 부분은 힘을 서서히 풀어주면서 그러데이션 효과를 내는 방식으로 덧칠해 주세요.

[사용 툴]

연필 팔레트   글레이즈

[사용 색상]

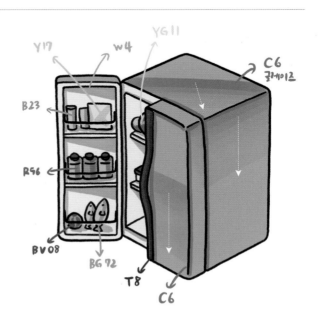

DRAWING TIP
레이어 투명도 잠금 기능 사용하기

채색을 하다 보면 테두리 선 밖으로 삐져나가거나 다른 영역을 침범하는 경우가 종종 발생합니다. 이럴 땐 라인을 딴 레이어 외에 색칠하고자 하는 영역별로 레이어를 생성한 후 해당 레이어를 투명도 잠금 처리를 해주면 해당 영역만 색칠이 가능합니다. 다른 영역으로 색이 삐져나가지 않게 되지요. 자세한 내용은 QR코드를 인식하여 영상을 참조해 주세요.

영상으로 보기

6

'**연필 팔레트**' 브러시로 빛을 받아 반사되는 부분을 표현하면 완성입니다. 너무 과하지 않은 면적으로 날렵하게 표현하는 게 좋아요.

사용 툴]

 연필 팔레트

[사용 색상]

E0000	White

E0000

white

찌개가 끓고 있는 뚝배기
. . .

뚝배기에 보글보글 끓인 찌개와 하얀 쌀밥. 어
머니의 손맛이 느껴지는 우리네 소울푸드가
아닐까요? 별다른 반찬이 없어도 구수한 찌개
한 그릇이면 밥 한 그릇을 뚝딱 해치울 수 있지
요. 어머니의 따뜻한 집밥이 그리워지는 뚝배
기 한 그릇을 그려볼까요?

1

'**기본 연필**'을 이용해 원과 마름모를 서로 겹
치도록 그려줍니다.

[사용 툴]

 기본 연필

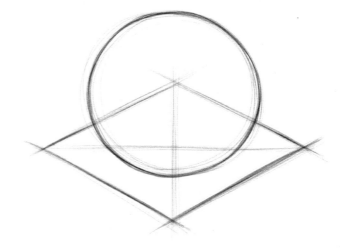

2

그려진 원과 마름모를 이용해서 뚝배기의 모
양을 잡아볼게요. 원의 모양을 기준으로 뚝
배기를 그리고, 아래 마름모 모양은 뚝배기의
받침을 그려줍니다. 뚝배기 안쪽에 찌개 내용
물도 스케치해 주세요.

3

'새 레이어'를 추가합니다. '아트 연필' 브러시
를 이용해서 새로 생성된 레이어에 스케치한
그림을 따라 선으로 정리해 주세요.

[사용 툴]

 아트 연필

4

스케치한 그림에 예쁘게 색을 입혀보겠습니다. **'스케치 레이어'**와 **'라인 레이어'** 사이에 **'새 레이어'**를 만든 후 **'테이퍼형 페인트'** 브러시를 이용해서 채색을 합니다. 찌개 부분은 맛깔스러워 보이게 붉은 계열의 색을 바탕색으로 넣어 볼게요.

사용 툴]

 테이퍼형 페인트

[사용 색상]

C10	YR07	YR000	YG23	E23	E0000

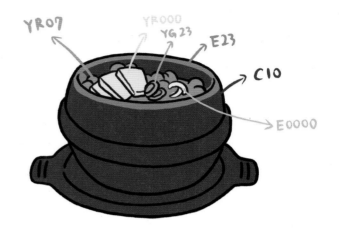

5

'기본 연필' 브러시로 뚝배기 그릇 가장자리의 경계를 부드럽게 이어주고 **'연필 팔레트'** 브러시를 이용해서 뚝배기 바깥 면의 둥근 입체감을 살려줍니다. 그리고 **'글레이즈'** 브러시를 이용해서 뚝배기의 음영을 잡아줍니다.
★ 뚝배기의 가장자리 부분을 매끄럽게 이어지도록 브러시로 문질러 주세요

[사용 툴]

 기본 연필   연필 팔레트

 글레이즈

[사용 색상]

E95	E07	G17	Black

DRAWING TIP

'글레이즈' 브러시로 결 표현하기

마커처럼 겹침 표현이 가능한 브러시로,
뚝배기의 실루엣을 따라 그림처럼 굴곡
진 곡선으로 여러 번 덧칠해주면 자연스
럽게 결이 생깁니다.

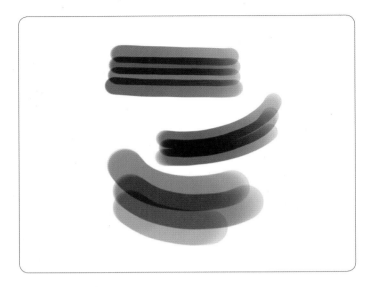

6

빛이 반사되어 나타나는 효과를 추가해 자연
스러운 뚝배기의 모습을 표현해 볼게요. **'연
필 팔레트'** 브러시와 **'글레이즈'** 브러시를 이
용해서 뚝배기의 왼쪽에 빛을 받는 부분을
표현해주면 됩니다. 뚝배기의 결을 표현한다
는 느낌으로 작업해 주세요.

[사용 툴]

 연필 팔레트   글레이즈

[사용 색상]

| E0000 | White |

양념통

• • •

음식의 맛과 향을 북돋아주는 양념이 없었다면 우리는 싱거운 음식들과 함께 해야 했을지도 모릅니다. 음식의 풍미를 더해주는 양념과 양념을 잘 담아 보관할 수 있는 양념통을 그려볼게요.

1

'**기본 연필**'로 스케치를 시작합니다. 세 개의 작은 직사각형을 합친 큰 직사각형과 그 앞에 기울어진 사다리꼴 하나를 그려줍니다.

[사용 툴]

 기본 연필

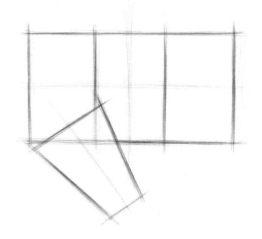

2

총 세 개의 양념통을 그릴 겁니다. 그중 한 개의 양념통은 선반에서 떨어지려는 찰나의 모습으로 그려볼게요. 본격 스케치를 시작해봅시다. 그려진 직사각형과 사다리꼴을 기준으로 양념통의 모양을 잡아주세요. 미리 분할해 둔 면적들을 기준선 삼아 양념통들과 철제 선반도 표현해 주세요.

3

'새 레이어'를 추가합니다. '아트 연필' 브러시를 이용해서 새로 생성된 레이어에 스케치된 그림을 따라 선으로 깔끔하게 그려줍니다.

[사용 툴]

 아트 연필

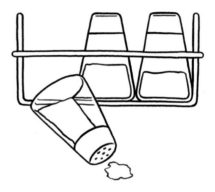

4

'스케치 레이어'와 '라인 레이어' 사이에 '새 레이어'를 추가한 후 해당 레이어에서 '테이퍼형 페인트' 브러시를 이용해서 채색을 해주세요.

[사용 툴]

 테이퍼형 페인트

[사용 색상]

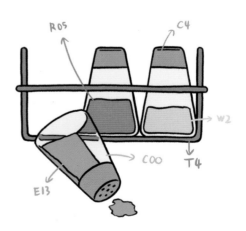

5

'연필 팔레트' 브러시를 이용해서 요소의 입체감과 질감을 표현해 주고 '기본 연필' 브러시로는 부드러운 가루의 느낌을 나타내 줍니다.

[사용 툴]

 연필 팔레트　　 기본 연필

[사용 색상]

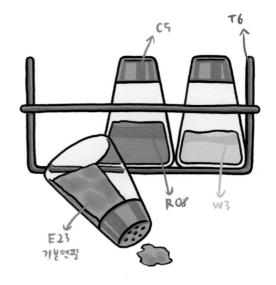

6

'연필 팔레트' 브러시와 '기본 연필' 브러시를 이용해서 빛에 반사된 느낌을 표현해주면 완성! 여러 번 손대지 않고 깔끔하게 한 번에 그려준다는 느낌으로 그려주세요.

[사용 툴]

 연필 팔레트　　 기본 연필

[사용 색상]

주방용품 **5**

화분과 식탁

• • •

밥을 먹는 장소이기도 하지만 커피를 마시며 잡지를 보기도 하는 휴식의 공간이기도 한 식탁입니다. 따스한 분위기의 원목 식탁과 그 위에 올려진 작은 화분과 달력의 모습까지 그려볼게요.

1

'**기본 연필**'로 직사각형을 하나 그리고 중심에 십자 모양의 보조선을 그려주세요.

[사용 툴]

 기본 연필

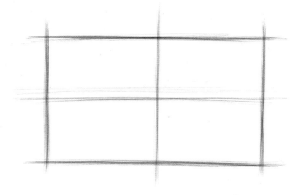

2 ─────────────────────────────

직사각형을 기준으로 식탁과 의자의 모양을
잡아 볼게요. 보조선을 이용해서 의자와 식탁
의 위치를 잡고 스케치해 주세요. 식탁 위 화
분과 달력 또한 적절한 위치에 자리를 잡고
세부 스케치를 해줍니다.

3 ─────────────────────────────

'새 레이어'를 추가한 뒤, **'아트 연필'** 브러시
를 이용해서 스케치한 그림을 따라 선으로
매끄럽게 그려줍니다.

[사용 툴]

 아트 연필

4

스케치한 레이어와 깔끔하게 선을 딴 **'라인 에이어'** 사이에 **'새 레이어'**를 생성하고 해당 레이어에서 **'테이퍼형 페인트'** 브러시로 채색을 해줍니다. 원목 식탁의 따스함을 살리기 위해 아이보리 계열의 색으로 식탁과 의자를 칠해 줍니다.

[사용 툴]

 테이퍼형 페인트

[사용 색상]

| E51 | T4 | G28 | C00 | W8 |

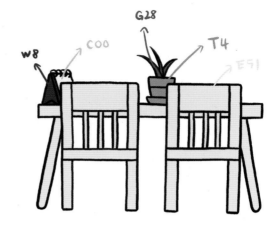

5

'연필 팔레트' 브러시를 이용해서 나무의 결을 표현해 보겠습니다. 식탁과 의자에 칠한 색보다 좀 더 짙은 색으로 나무의 나이테 모양처럼 문양을 그려주세요. 화분에도 필압을 이용해서 나뭇결의 느낌을 표현해 주면 훨씬 자연스러운 느낌이 듭니다. 화분에도 문양을 넣어주는 것 잊지 마세요!

[사용 툴]

 연필 팔레트

[사용 색상]

| E55 | T0 |

DRAWING TIP

'연필 팔레트' 브러시로 나무의 결 표현하기

'연필 팔레트'는 힘을 주는 정도에 따라 크기가 달라지기 때문에 이 기능을 이용해서 보다 자연스러운 나무의 결을 표현할 수 있습니다.

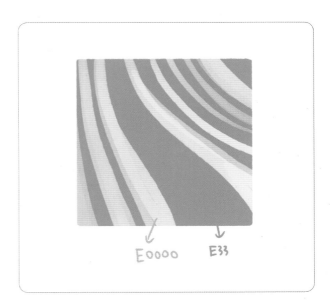

6

자연스러운 원목의 느낌을 살리기 위해 효과를 입혀 보겠습니다. **'글레이즈'** 브러시를 이용해서 현재 채색된 원목 색보다 조금 짙은 색을 군데군데 살짝 얹어준다는 느낌으로 입혀주세요. **'연필 팔레트'** 브러시를 이용해서 빛을 받는 부분을 표현해 주면 완성!

[사용 툴]

 글레이즈   연필 팔레트

[사용 색상]

E0000	E13

06

랜드
마크

LANDMARK

도시를 대표하는 얼굴, 랜드마크.

어느 도시를 가도 크고 작은 랜드마크 하나쯤은 존재합니다.

그 도시의 분위기를 압축해서 담고 있을 뿐만 아니라,

도시를 상징하는 중요한 요소로서

여행자들에게는 필수 방문 코스로 자리잡고 있기도 하지요.

살면서 한 번쯤은 들어보았을 세계적인 랜드마크들을 그려봅시다.

랜드마크 ❶
서울
남산타워
. . .

서울 도심 한복판에 우뚝 솟아 있는, 서울을 대
표하는 랜드마크입니다. 요즘은 초고층 빌딩
이 많이 생겨나서 위용이 이전같진 않지만, 그
럼에도 서울의 중심부에 우뚝 자리한 타워의
존재감은 여전합니다. 맑은 하늘 아래 우뚝 솟
은 남산타워를 떠올리며 함께 그려봅시다.

1

간단한 도형으로 스케치를 시작해 볼게요.
'기본 연필'로 큰 삼각형을 앞에, 작은 삼각형
을 뒤쪽에 그리고, 각 삼각형 위에 긴 직사각
형을 그려줍니다.

[사용 툴]

 기본 연필

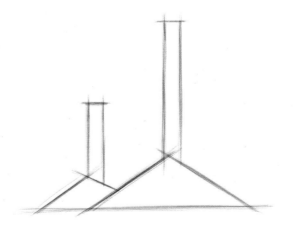

2

남산타워의 모양을 세밀하게 그려볼게요. 앞
서 그린 도형을 토대 삼아 가장 아래쪽에는
도시의 시티라인을 그립니다. 삼각형의 뾰족
한 끝은 살짝 뭉뚱그린 모양으로 잡아주세요.
남산이 될 부분입니다. 두 개의 직사각형은
각각 남산타워와 송전탑이 될 겁니다. 크고
작은 삼각형과 직사각형으로 타워와 송전탑
의 세밀한 모양을 그려주세요.

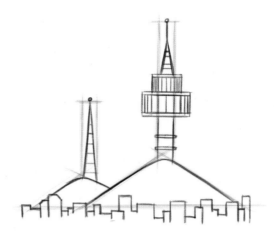

3

'**새 레이어**'를 추가해서 깔끔하게 라인을 따
봅시다. '**연필 팔레트**' 브러시를 이용해서 새
로 생성한 레이어에서 라인을 따주세요.

[사용 툴]

 연필 팔레트

4

'스케치 레이어'와 '라인 레이어' 사이에 '새 레이어'를 만들고 새 레이어에서 '테이퍼형 페인트' 브러시를 이용해서 채색해 주세요. 라인 밖으로 삐져나가지 않도록 세밀하게 색칠해 주세요.

[사용 툴]

 테이퍼형 페인트

[사용 색상]

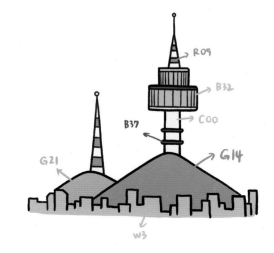

5

'연필 팔레트' 브러시로 요소들의 입체감을 표현합니다. 타워 유리와 기둥, 송전탑 기둥들의 그림자를 넣어 음영을 살려주세요. '기본 연필' 브러시를 이용해서 산의 음영도 부드럽게 잡아 줍니다.

[사용 툴]

 연필 팔레트   기본 연필

[사용 색상]

6

빛이 반사되는 효과를 추가해 볼게요. **'연필 팔레트'** 브러시를 이용해서 왼쪽에서 빛을 받아 반사되는 모양을 그려주세요. 산은 윤곽선을 따라, 타워 유리창과 기둥은 직선 모양으로 빛 반사 효과를 추가합니다. 아래쪽 시티라인 부분도 흰색의 연필 팔레트를 이용하여 건물마다 창문을 그려주는 것도 잊지 마세요.

[사용 툴]

연필 팔레트

[사용 색상]

YG01	B0000	E0000	White

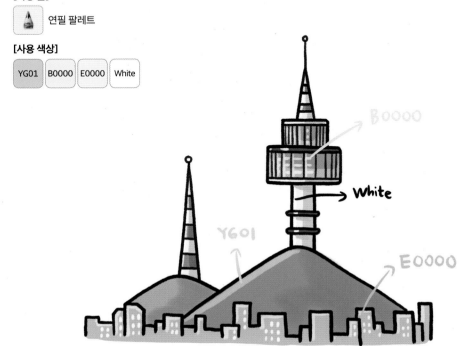

뉴욕
자유의 여신상

• • •

미국의 정치, 경제, 문화의 중심지인 뉴욕에 자리하는 랜드마크입니다. 구리로 이루어진 당당한 풍채의 조각상은 원래 붉은색이었는데 시간이 지나며 산화해 푸르게 변했다는 사실을 알고 계신가요? 미국 자유주의의 상징이라 할 수 있는 자유의 여신상을 쉽게 그리는 법을 알려드릴게요.

1

자유의 여신상은 스케치 난이도가 살짝 높습니다. 쉽게 그릴 수 있도록 단순한 도형으로 시작해 볼게요. '**기본 연필**'로 크고 작은 여러 개의 삼각형과 사각형들로 이루어진 단순한 형태를 그립니다.

[사용 툴]

 기본 연필

2

그려진 삼각형과 사각형들을 이용해서 자유의 여신상의 세세한 모양을 스케치해 주세요. 그림처럼 여신상의 세부적인 형태를 그려줍니다. 옷의 주름을 표현하는 작업이 다소 어려울 수 있습니다. 그림을 보고 잘 따라 해주세요.

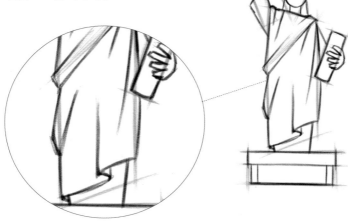

3

'새 레이어'를 추가해 라인을 따볼게요. '연필 팔레트' 브러시를 이용해서 새로 생성된 레이어에서 선으로 깔끔하게 그려줍니다.

[사용 툴]

 연필 팔레트

4

'**스케치 레이어**'와 '**라인 레이어**' 사이에 '**새 레이어**'를 생성한 후 해당 레이어에 '**테이퍼 형 페인트**' 브러시를 이용해서 기본 채색을 합니다. 라인 밖으로 삐져나가지 않도록 채색해 주세요.

[사용 툴]

 테이퍼형 페인트

[사용 색상]

BG23	E01	Y21

5

'**연필 팔레트**' 브러시를 이용해서 구석구석 음영을 표현합니다.

[사용 툴]

 연필 팔레트

[사용 색상]

BG57	E71	YR07

6

조각상의 입체감을 더 극대화시킬 수 있도록 효과를 추가해 볼게요. **'목탄'** 브러시를 이용해서 우둘투둘한 조각상의 느낌을 나타내고 **'연필 팔레트'** 브러시로 빛을 받는 부분을 표현합니다. 밝은색으로 군데군데 빛이 반사된 느낌을 내주세요.

[사용 툴]

 목탄

 연필 팔레트

[사용 색상]

랜드마크 **3**
파리 에펠탑

• • •

패션과 명품의 도시이자 프랑스의 수도인 파리에 위치한 웅장한 건축물입니다. 언뜻 보기엔 라디오 송전탑처럼 생긴 이 건축물은 특히 밤에 더 인상적인데, 도시의 야경과 어우러져 그 웅장함이 더욱 돋보입니다. 뾰족하고 날렵한 에펠탑을 그려볼까요?

1

'**기본 연필**'을 이용해서 세로로 긴 삼각형을 그려줍니다. 삼각형의 절반을 가르는 위치에 보조선도 그려주세요.

[사용 툴]

 기본 연필

DRAWING TIP '대칭' 도구 사용하기

좌우 또는 상하로 대칭이 되도록 그림을 그리고자 할 때는 대칭 도구를 사용하면 편리합니다. 에펠탑처럼 좌우가 같은 모양을 그릴 때 제격이지요. 위쪽 도구막대에서 대칭 아이콘을 클릭하고 그림을 그려보세요. 아이콘을 길게 누르면 상하대칭으로도 설정이 가능합니다.

2

앞서 그린 삼각형을 기준으로 에펠탑의 세밀
한 모양을 잡아볼게요. 중심의 보조선을 기준
으로 점점 뾰족해지는 실루엣을 표현한다는
느낌으로 그려주세요.

3

'새 레이어'를 추가합니다. '연필 팔레트' 브러
시를 이용해서 스케치한 그림을 바탕으로 깔
끔하게 선을 따주세요. 철골 구조 부분은 선
이 교차하는 모양이 많으니 꼼꼼하게 그려주
세요.

[사용 툴]

 연필 팔레트

4

스케치한 '스케치 레이어'와 깔끔하게 선을
딴 '라인 레이어' 사이에 '새 레이어'를 만들고
새 레이어에서 '테이퍼형 페인트' 브러시로
기본 채색을 해볼게요.

[사용 툴]

 테이퍼형 페인트

[사용 색상]

Y15	YG03

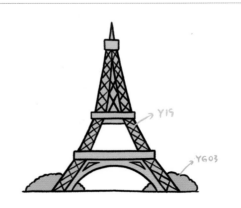

5

'**기본 연필**' 브러시를 이용해서 구조물의 음영과 수풀의 입체감을 표현합니다. 철골 구조물과 수풀 모두 기본 채색된 색보다 채도가 좀 더 높은 색으로 덧칠해 주면서 자연스러운 음영 효과를 내줍니다.

[사용 툴]

 기본 연필

[사용 색상]

6

'**연필 팔레트**' 브러시를 이용하여 밝은색으로 빛을 받는 부분을 표현해 주면 완성! 철골 구조물의 사이사이를 밝은색 브러시로 덧대어 준다는 느낌으로 빛이 반사된 모습을 표현해 주세요.

[사용 툴]

 연필 팔레트

[사용 색상]

Y0000

분위기 있는 밤하늘을
배경으로 깔아보기

파란 하늘 속 랜드마크도 매력적이지만, 별들이 반짝이는 밤하늘 아래 빛나는 랜드마크의 모습은 낮과는 다른 매력을 선사합니다. 앞에서 소개한 에펠탑을 기준으로 밤하늘의 분위기를 표현해 볼게요.

1

오른쪽 레이어 패널에서 가장 아래쪽에 있는 배경 레이어의 동그라미 부분을 터치합니다.

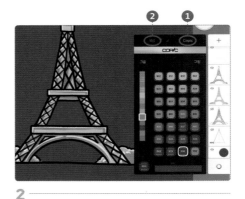

2

COPIC 색상에서 B99 색상을 선택한 후 바로 옆 색상 탭을 터치합니다.

3

색상표에서 원 안에 있는 작은 원을 아래로 내리면 배경색이 점점 어두워집니다. 짙은 하늘색을 표현하기 위해 아래로 내리면서 배경색을 더 어둡게 만들어 주세요.

4

'새 레이어'를 추가한 뒤 도면층 편집기에서 추가한 레이어를 맨 위쪽에 위치시켜줍니다.

5

'연필 팔레트' 브러시를 이용해서 불꽃놀이의 모습을
나타내 줍니다. 색상은 COPIC 기준 R02, Y21을 사용
할게요.

6

'새 레이어'를 하나 더 추가한 후 해당 레이어를 두 번
터치합니다.

7

등장하는 패널에서 '혼합'을 선택하세요.

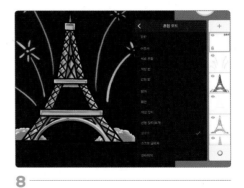

8

여러 혼합 모드 중 '글로우'를 선택합니다.

9

'카무플라주' 브러시를 이용해서 불꽃의 모양을 따라
효과를 넣어주면 완성! 멋진 밤하늘이 완성됐네요.

 카무플라주

랜드마크 ❹

로마
피사의 사탑

• • •

'세상에서 가장 삐딱한 건축물' 하면 떠오르는
이탈리아의 랜드마크, 피사의 사탑입니다. 피
사 대성당의 종탑으로, 부속 건물임에도 불구
하고 의도치 않은 외관(?) 덕분에 더욱 유명해
진 아이러니한 건축물, 피사의 사탑을 그려봅
시다.

1

간단한 도형으로 스케치를 시작해 보겠습니
다. **'기본 연필'** 브러시로 수평선 하나를 그은
후 삐딱하게 겹치게끔 직사각형을 그려줍니
다.

[사용 툴]

 기본 연필

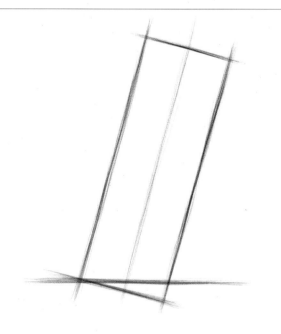

152

2 ─────────────────────────────

기울어진 직사각형을 기준으로 세부적인 형
태를 스케치합니다. 각 층마다 면적을 나누어
준 후 아치형 기둥을 그려 탑의 모양을 잡아
주세요.

3 ─────────────────────────────

'**새 레이어**'를 추가한 후 '**연필 팔레트**' 브러
시를 이용해서 스케치된 그림을 따라 선으로
깔끔하게 그려줍니다.

[사용 툴]

 연필 팔레트

4

'스케치 레이어'와 '라인 레이어' 사이에 '새 레이어'를 생성한 후 해당 레이어에 '테이퍼형 페인트' 브러시를 이용해서 채색을 합니다. 층마다 아치 기둥 안쪽에 그림자 지는 부분(색상 컬러 Y23)과 문 부분(색상 컬러 W7)까지 촘촘하게 채색해 줍니다.

[사용 툴]

 연필 팔레트

[사용 색상]

DRAWING TIP
브러시 크기를 조절해서 사용하기
탑 모양상 촘촘한 부분이 많으니 브러시 크기를 조절해 가면서 채색을 하면 라인 밖으로 삐져나가는 일이 적을 거예요.

5

'연필 팔레트' 브러시를 이용해서 건물의 음영과 구조물의 입체감을 표현합니다.

[사용 툴]

 연필 팔레트

[사용 색상]

6

'연필 팔레트' 브러시를 이용해서 빛을 받는 부분을 표현해주면 완성! 모서리 부분을 부드럽게 정리해 준다는 느낌으로, 잔디의 우둘투둘한 질감을 표현해 준다는 느낌으로 진행합니다.

★ 빛을 받는 방향으로 아치의 절반 부분만 하이라이트 효과를 넣어주세요.

[사용 툴]

연필 팔레트

[사용 색상]

YG01   White

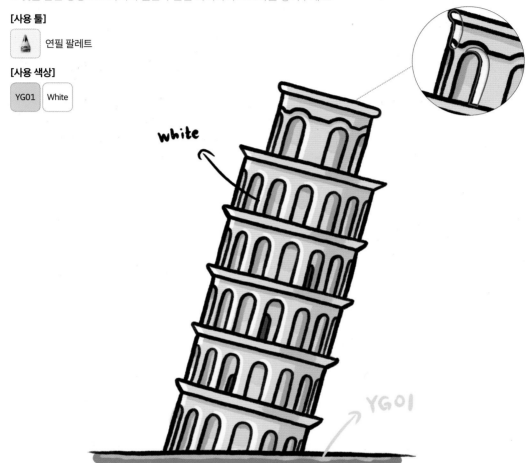

랜드마크 ❺

런던
타워브리지

• • •

런던의 중심을 가로지르는 템스 강 위에 우뚝
선 다리로, 영국을 배경으로 한 영화나 드라마
에서 자주 등장하는 랜드마크입니다. 고풍스
러운 외관의 두 개의 타워를 중심으로 이어져
있는 다리는 현수교와 도개교가 결합한 독특
한 형태인데요. 배가 지나갈 때면 다리 중간이
문이 열리듯 열립니다. 100년이 넘는 긴 역사
를 자랑하는 타워브리지를 그려봅시다.

1

'**기본 연필**'로 스케치에 들어가 볼게요. 사다
리꼴을 그리고 위쪽의 꼭짓점 두 개를 기점
으로 수직선 두 개를 그립니다.

[사용 툴]

 기본 연필

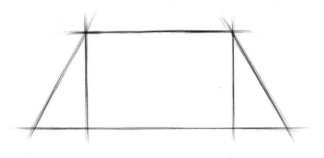

2

그려진 사다리꼴을 이용해서 다리의 세밀한
부분을 스케치해 볼게요. 수직선을 이용해서
두 개의 타워를 그린 후 다리의 상판과 타워
의 꼭대기 점을 이어준다는 느낌으로 케이블
을 그려주세요.

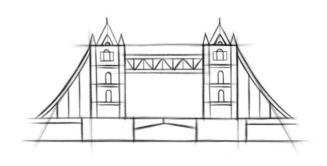

3

'새 레이어'를 추가하고, '연필 팔레트' 브러시
를 이용해서 생성한 레이어에 스케치 그림을
따라 선으로 깔끔하게 라인을 따줍니다.

[사용 툴]

 연필 팔레트

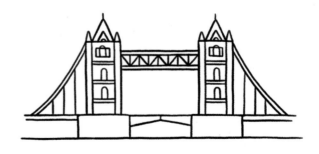

4

'스케치 레이어'와 '라인 레이어' 사이에 '새 레이어'를 생성한 후 해당 레이어에서 '테이퍼형 페인트' 브러시를 이용해 밑색을 채색합니다.

[사용 툴]

 테이퍼형 페인트

[사용 색상]

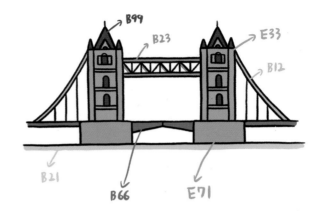

5

'글레이즈' 브러시의 겹침 표현을 이용해서 타워 아래 기둥은 벽돌 느낌을 표현해 주고 '기본 연필' 브러시를 이용해서 다리 전반에 걸쳐 표면의 질감, 물에 비친 그림자를 나타냅니다. 콕콕 찍어주는 느낌으로 진행해 주세요. '연필 팔레트' 브러시로는 음영을 표현합니다.

[사용 툴]

 글레이즈　　 기본 연필

 연필 팔레트

[사용 색상]

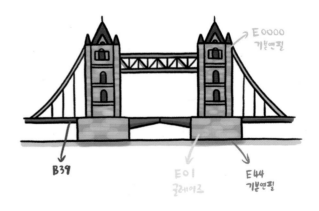

DRAWING TIP

벽돌 느낌 간단하게 표현하기

벽돌의 느낌을 내기 위해선 '연필 팔레트'와 '글레이즈' 브러시를 이용하면 됩니다. 적당한 크기로 브러시를 설정하고 짤막한 선을 겹치듯 그려주세요. 꽉 채우지 않고 군데군데만 그려주는 게 포인트입니다.

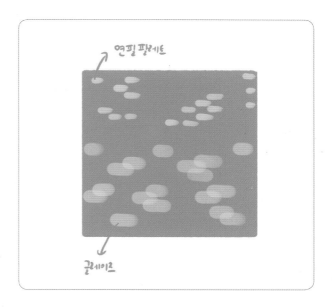

6

'**연필 팔레트**' 브러시를 이용해서 빛을 받는 부분을 표현해주고 '**글레이즈**' 브러시를 이용해서 타워 아래쪽에서 간접 조명이 비추는 모습을 표현하면 완성! 새의 발바닥 모양을 생각하면서 빛을 표현해 주세요.

[사용 툴]

 연필 팔레트　　 글레이즈

[사용 색상]

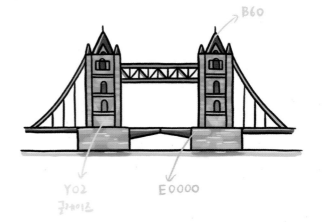

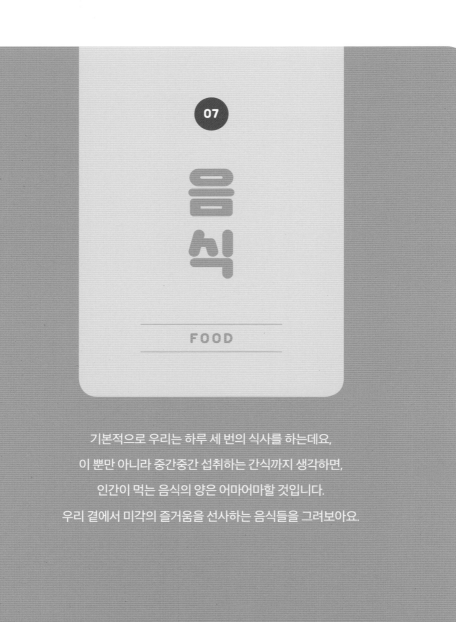

07

음식

FOOD

기본적으로 우리는 하루 세 번의 식사를 하는데요,

이 뿐만 아니라 중간중간 섭취하는 간식까지 생각하면,

인간이 먹는 음식의 양은 어마어마할 것입니다.

우리 곁에서 미각의 즐거움을 선사하는 음식들을 그려보아요.

음식 ❶
조각 케이크

• • •

조각 케이크는 맛도 맛이지만 예쁜 디자인이 더 매력적인 디저트입니다. 덕분에 SNS에 자주 등장하는 소재이기도 하지요. 상상도 할 수 없을 만큼 다양한 재료를 이용해 각양각색의 모양을 지닌 조각 케이크. 이 중에서도 시그니처라 할 수 있는 생크림케이크와 치즈케이크를 그려보도록 할게요.

1

'**기본 연필**' 브러시로 스케치를 시작합니다. 긴 직사각형을 하나 그린 후 그 위에 옆으로 눕힌 사다리꼴 두 개를 그립니다.

[사용 툴]

 기본 연필

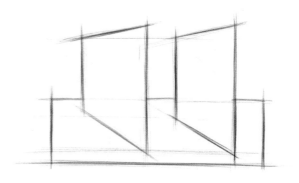

2

그려진 직사각형과 사다리꼴들을 중심 삼아
본격적으로 케이크의 모양을 그릴게요. 살짝
각도를 틀어준 조각 케이크의 모습을 생각하
면서 진행해 주세요.

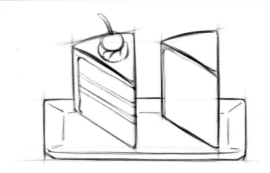

3

'새 레이어'를 추가해 라인을 따볼게요. '연필
팔레트' 브러시를 이용해서 앞서 스케치한 그
림을 따라 선으로 깔끔하게 그려주세요.

[사용 툴]

 연필 팔레트

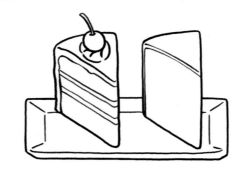

4

'스케치 레이어'와 '라인 레이어' 사이에 '새
레이어'를 생성한 후 해당 레이어에서 '테이
퍼형 페인트' 브러시를 이용해서 채색을 합니
다. 치즈케이크의 경계 부분은 '혼합' 브러시
를 사용하여 부드럽게 풀어주세요.

★ 케이크의 윗면 부분을 혼합 브러시를 사용
하여 문질러 주시면 색의 경계가 자연스럽게
이어집니다.

[사용 툴]

 테이퍼형 페인트   혼합

[사용 색상]

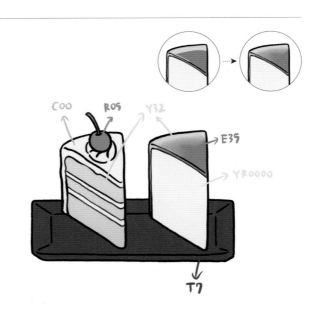

5

'**글레이즈**' 브러시와 '**기본 연필**' 브러시를 이용해서 질감을 표현해 주고 '**연필 팔레트**' 브러시를 이용해서 입체감과 음영을 표현합니다.

[사용 툴]

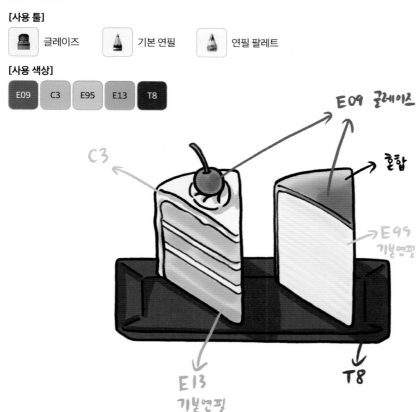

글레이즈 　　 기본 연필 　　 연필 팔레트

[사용 색상]

E09　C3　E95　E13　T8

DRAWING TIP 질감 표현에 따른 브러시 고르는 법

브러시의 질감에 따라 어울리는 표현법이 각각 다른데요, 내가 표현하고자 하는 것이 어떤 질감과 어울릴지 생각하고
거기에 맞는 브러시를 사용하는 게 좋습니다.

연필 팔레트　　　　　　글레이즈　　　　　　잉크 브러시

6

'**연필 팔레트**' 브러시를 이용해서 케이크와 접시에 빛이 반사된 모습을 표현하고, '**목탄**' 브러시를 이용하여 슈거 파우더
가 솔솔 뿌려진 효과를 내볼게요. '**목탄**' 브러시로 톡톡 두드리듯 칠해 주면 가루가 뿌려진 모습을 표현할 수 있습니다.
더욱 맛깔스러워 보이는 케이크가 완성되었죠? 단, 목탄 효과가 너무 과하지 않도록 힘을 조절하면서 진행해 주세요.

[사용 툴]

[사용 색상]

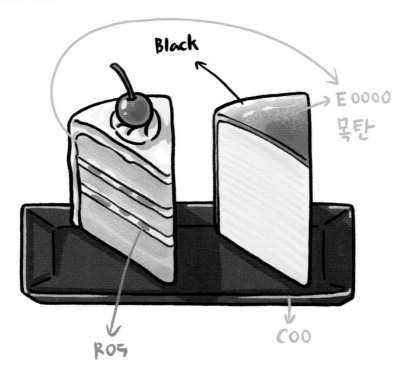

164

음식 ❷
콘 아이스크림

• • •

더운 여름날이면 놓칠 수 없는 간식입니다. 더
위를 식혀주는 아이스크림은 언제 어디서나
부담없이 즐기기에 제격이지요. 달콤하면서도
풍성한 맛의 콘 아이스크림을 그려볼게요.

1

'기본 연필'을 이용해서 45도 정도 기울어진
세로축을 그린 후 원과 삼각형이 합쳐진 형
태를 그려줍니다.

[사용 툴]

 기본 연필

2

그려진 원과 삼각형을 기준으로 본격적인 콘 아이스크림의 형태를 스케치해 볼게요. 원 주변으로 아이스크림이 살짝 더 둘러져 있는 모양을 잡아줄 겁니다. 스쿱으로 아이스크림을 퍼서 콘 위에 얹었을 때 생기는 모양을 표현할 거예요.

3

'새 레이어'를 추가하여 라인 레이어를 만들어 주세요. '연필 팔레트' 브러시를 이용해서 추가한 레이어에 스케치한 그림을 따라 선으로 깔끔하게 그려줍니다.

[사용 툴]

 연필 팔레트

4

'스케치 레이어'와 '라인 레이어' 사이에 '새 레이어'를 생성한 후 해당 레이어에 '테이퍼형 페인트' 브러시를 이용해서 채색을 합니다. 한 가지 맛으로 된 아이스크림보다는 여러 가지 맛이 어우러진 아이스크림을 표현해 볼게요.

[사용 툴]

 테이퍼형 페인트

[사용 색상]

| E0000 | W00 | R35 | Y32 | E33 | RV13 | C0 |

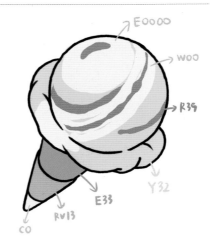

5

'**기본 연필**' 브러시를 이용해서 아이스크림의 셔벗스러운 질감을 표현하고 '**연필 팔레트**' 브러시로 콘 부분의 무늬와 음영을 넣어 입체감을 표현합니다.

[사용 툴]

 기본 연필　　 연필 팔레트

[사용 색상]

| Y38 | E01 | R29 | E23 | RV09 | C3 |

DRAWING TIP '테이퍼형 페인트' 활용하기

 '테이퍼형 페인트' 브러시는 굉장히 진한 농도를 가진 브러시입니다. 적절하게 힘을 조절하여, 모양의 변화만 조금씩 주면서 색의 면적을 나누는 식으로 진행하는 것이 좋습니다.

6

'**연필 팔레트**' 브러시를 이용해서 빛을 받아 반사되는 효과를 넣어주고 '**목탄**' 브러시를 이용해서 얼음 알갱이를 표현해주면 완성입니다. 시원한 망고아이스크림을 상상하면서 진행해 주세요.

[사용 툴]

 연필 팔레트

[사용 색상]

| E0000 | White |

음식 ❸

돈가스 정식

• • •

'겉바속촉'으로 우리를 유혹하는 국민 음식 돈
가스. 바삭한 튀김옷 안에 촉촉한 육즙을 가득
머금고 있어 언제 먹어도 질리지 않는 음식입
니다. 요즘은 돈가스 안에 치즈를 가득 채운 치
즈돈가스부터 찌개 안에 돈가스를 넣어 먹는
돈가스나베까지 다양한 형태의 돈가스 요리를
접할 수 있지요. 이번에는 부드러운 안심돈가
스와 샐러드, 국이 함께 나오는 돈가스 정식을
그려볼게요.

1

스케치를 시작해 보겠습니다. **'기본 연필'**을
이용해서 타원과 아래가 뾰족한 오각형, 그리
고 타원 안에 들어가 있는 직사각형을 그려
줍니다.

[사용 툴]

 기본 연필

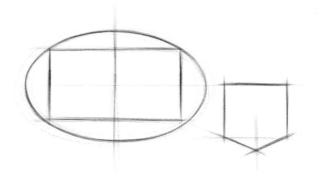

2

타원과 오각형, 직사각형을 기준으로 돈가스 정식의 형태를 세밀하게 그려서 스케치해 주세요. 앞서 그려둔 도형들의 실루엣을 이용해서 요소들을 표현해준다는 느낌으로 진행해 주세요.

3

'새 레이어'를 추가해 라인을 따볼게요. '연필 팔레트' 브러시를 이용해서 새로 생성된 레이어에 스케치된 그림을 따라 선으로 깔끔하게 그려줍니다.

[사용 툴]

 연필 팔레트

4

'스케치 레이어'와 '라인 레이어' 사이에 '새 레이어'를 생성한 후 해당 레이어에서 '테이퍼형 페인트' 브러시로 채색을 해주세요. 돈가스와 샐러드, 국의 기본 색이 될 색상을 골라 매끄럽게 잘 칠해줍니다.

[사용 툴]

 테이퍼형 페인트

[사용 색상]

E00	Y32	YG61	V05	W00	E18
E37	T7	R24	C3		

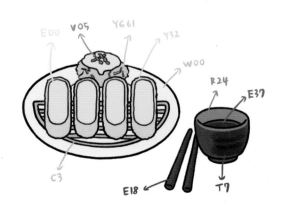

5

'**연필 팔레트**' 브러시를 이용해서 돈가스 속 육질과 그림자 효과를 표현해 주세요. '**기본 연필**' 브러시로 돈가스 겉의 튀김옷 질감을, '**글레이즈**' 브러시를 이용해서 국그릇의 질감을 표현합니다.

[사용 툴]

연필 팔레트　　　기본 연필

글레이즈

[사용 색상]

E04	E71	G82	R02	YR27	E49

R29	Black

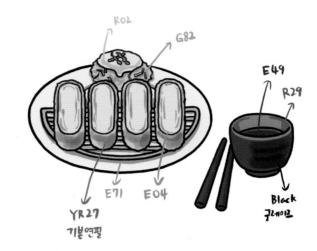

6

'**연필 팔레트**' 브러시로 접시의 장식과 빛을 받아 반짝이는 모습을 표현하고 '**목탄**' 브러시로 돈가스 위에 파슬리가 솔솔 뿌려져 있는 모습을 표현해주세요. 파슬리는 살짝 뿌려진 모습을 표현할 것이기 때문에 톡톡 두드리듯 칠해 주세요.

[사용 툴]

 연필 팔레트　　 목탄

[사용 색상]

B63	E0000	G28	White

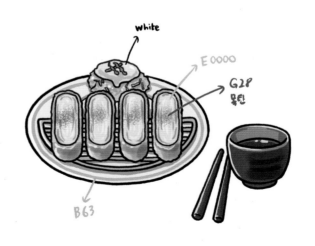

음식 ❹
햄버거

• • •

패스트푸드 하면 흔히 떠오르는 음식이 무엇
인가요? 바로 햄버거가 아닐까 생각합니다. 노
릇하게 구워진 빵 사이에 짭짤한 양념으로 간
을 한 두툼한 고기 패티와 느끼함을 잡아주는
토마토, 양상추, 양파, 마지막으로 고소한 치즈
까지 곁들여진 햄버거를 한 입 베어 물면 그 만
족감이 대단합니다. 푸짐함을 자랑하는 음식
햄버거를 그려볼게요.

1

'**기본 연필**'로 정사각형을 하나 그려주고 위
아래로 길게 구분하는 선을 그려줍니다.

[사용 툴]

 기본 연필

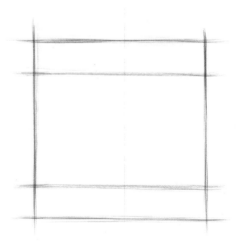

2

그려진 사각형과 구분선을 기준으로 세밀한 형태를 스케치할게요. 구분선을 기점으로 위 아래 부분은 빵이 될 것입니다. 빵 모양을 먼저 잡아주고 그 사이의 햄버거 속재료를 하나씩 그려주세요. 위에서부터 양파 → 토마토 → 양상추 → 고기 패티 → 치즈 → 고기 패티 → 소스 순서로 그려줍니다.

3

'**새 레이어**'를 추가하여 '**연필 팔레트**' 브러시로 스케치한 그림을 따라 선으로 깔끔하게 그리면서 라인을 따주세요.

[사용 툴]

 연필 팔레트

4

'**스케치 레이어**'와 '**라인 레이어**' 사이에 '**새 레이어**'를 추가하고 해당 레이어에서 '**테이퍼형 페인트**' 브러시를 이용하여 채색을 합니다.

[사용 툴]

 테이퍼형 페인트

[사용 색상]

5

'기본 연필' 브러시를 이용해서 빵과 고기 패티의 입체감과 자연스러운 색감을 표현하고 **'연필 팔레트'** 브러시로 요소들의 질감과 음영을 표현해 입체감 있는 햄버거의 모습을 그려주세요.

[사용 툴]

🖊 기본 연필　　🖊 연필 팔레트

[사용 색상]

| E0000 | Y38 | E09 | G05 | E49 |

DRAWING TIP 색의 경계 부분 자연스럽게 이어주기

채색을 하다 보면 여러 색을 자연스럽게 어우러지게 표현하고 싶은데, 경계가 분명하게 끊어져 보일 때가 있습니다. 이럴 때는 '혼합' 브러시나 '스머지' 브러시로 경계 부분을 섞어주는 방법도 있지만 '에어브러시'나 '기본 연필' 처럼 경계선이 부드러운 브러시로 덮어주는 방법도 있습니다.

6

'연필 팔레트' 브러시로 빛을 받는 부분을 표현해주고 **'목탄'** 브러시로 고기 패티의 우둘투둘한 질감을 표현하면 완성!
노릇하게 구워진 모습을 생각하면서 진행해주세요.

[사용 툴]

 연필 팔레트

[사용 색상]

E0000 YG0000 Y21

음식 **5**

피자

• • •

한 조각 집어들 때마다 쭈욱 늘어나는 치즈, 형형색색의 토핑이 가득 올려져 있는 피자를 보면 절로 군침이 돕니다. 피자 도우 위에 어떤 재료를 얹어서 구워내느냐에 따라 다양한 맛을 지닌 음식이지요. 부드럽고 쫄깃한 도우와 풍부한 식감을 더한 나만의 피자를 그려볼게요.

1

'**기본 연필**'으로 위쪽에 접점이 생기는 타원 두 개를 그립니다. 중심이 되는 십자 모양의 선을 옅게 그리고 원을 그리면 편리합니다.

[사용 툴]

 기본 연필

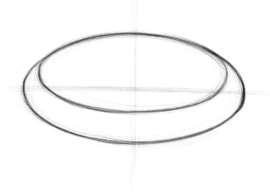

175

2

타원 두 개를 중심으로 그려진 타원들을 기준으로 세부적인 형태를 스케치합니다. 피자 한 조각을 피자 터너로 들고 있는 모습을 그려 그림의 생동감을 더해볼게요.

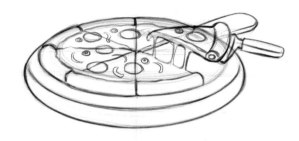

3

'새 레이어'를 추가하고 '연필 팔레트' 브러시를 이용해서 추가한 새 레이어에 스케치된 그림을 따라 라인을 따주세요.

[사용 툴]

 연필 팔레트

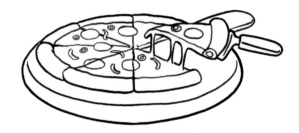

4

'스케치 레이어'와 '라인 레이어' 사이에 '새 레이어'를 추가하고 해당 레이어에서 '테이퍼형 페인트' 브러시를 이용해서 채색을 합니다. 다양한 토핑의 모습을 표현하기 위해 알록달록한 색을 입혀주세요.

[사용 툴]

 테이퍼형 페인트

[사용 색상]

Y0000	E13	E35	YG07	R22	C0

100

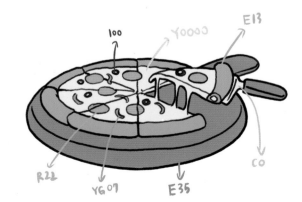

5

'**연필 팔레트**' 브러시를 이용해서 요소들의 입체감과 그림자를 표현하고, '**기본 연필**' 브러시로 도우와 치즈의 음영을 나타냅니다.

[사용 툴]

 연필 팔레트　　 기본 연필

[사용 색상]

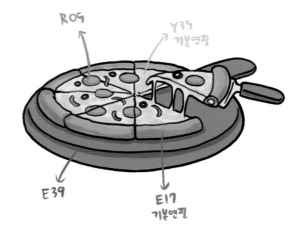

6

더욱 생동감 있는 피자를 표현하기 위한 효과를 입혀 볼게요. '**기본 연필**'을 이용해서 피자 보드의 결을 표현하고 '**연필 팔레트**' 브러시를 이용해 빛에 반사된 부분을 표현하면 완성! 필압을 조절해 가면서 갓 구워낸 부풀어오른 느낌이 들게끔 진행해주세요.

[사용 툴]

 기본 연필　　　 연필 팔레트

[사용 색상]

DRAWING TIP '**기본 연필**' 브러시로 나무 질감 내기

'기본 연필' 브러시를 이용하면 좀 더 은은한 느낌의 나뭇결을 표현할 수 있습니다.
힘 조절에 따라서 결의 깊이감 차이가 크니 참고하세요.

PART
4

실력 UP!
오토데스크
스케치북
응용하기

01 그림 전체에 독특한 질감 입히기

단색의 배경은 그림을 돋보이게 해주어 좋지만 한편으로는 참 밋밋해 보이기도 합니다. 상황에 따라 그림을 좀 더 특별하게 보이고 싶을 때가 있는데요. 내가 그린 그림 위에 독특한 질감을 입히면 더 특별한 그림을 만들 수 있습니다. 원하는 질감이 표현된 이미지를 하나 준비해 주세요. 내 그림이 더 특별해지는 마법을 부려보겠습니다.

1

먼저 사전에 원하는 질감을 가진 이미지를 준비해 주세요. 화면 위쪽의 도구막대 패널에서 '**이미지 가져오기**'를 선택합니다.

 이미지 가져오기

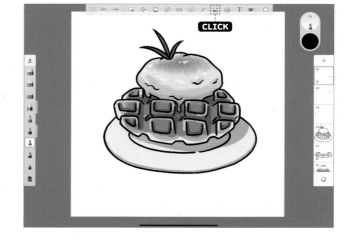

2

입히고자 하는 질감 이미지를 불러온 후 두 손가락을 이용해 위치와 크기를 맞춰주고 상단의 '**종료**'를 누릅니다. 저는 나뭇결의 질감을 가진 이미지를 준비해 보았습니다.

3

해당 이미지 레이어를 꾹 누른 채로
드래그해서 제일 위쪽으로 순서를
이동시킵니다. 해당 레이어를 두 번
터치하면 등장하는 패널에서 **'혼합'**
탭으로 들어갑니다.

4

'색료 혼합'을 누르고 질감이 잘 적용
되었는지 확인한 후 **'저장'**을 눌러주
세요.

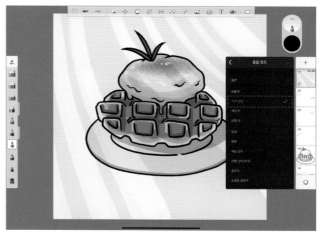

5

이렇게 질감이 입혀진 그림이 완성
됩니다.

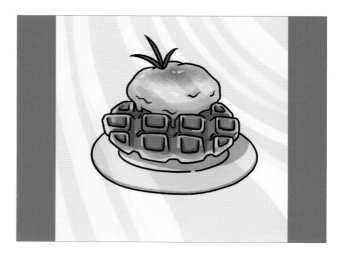

화방에 가면 여러 종류의 드로잉 용지를 볼 수 있습니다. 도톰하면서 오돌토돌한 느낌의 머메이드지, 누런색의 크라프 트지, 검정도화지와 반투명한 트레싱지까지 다양한 질감의 종이가 있지요. 같은 그림도 어떤 질감의 종이에 그림을 그 리는지에 따라 달라 보이기도 합니다. 이번에는 독특한 종이 질감의 캔버스를 만들어 볼게요.

1

가로 세로 2000px 사이즈로 새 캔 버스를 생성합니다. 브러시 중에서 **'거친 목탄'** 브러시를 선택하고, 색상 을 검정색으로 설정합니다.

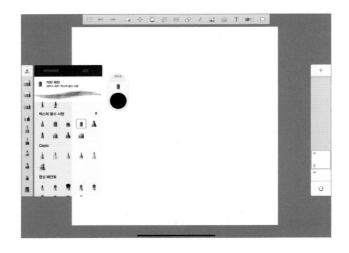

2

브러시의 사이즈를 최대한 키워준 다음 손에 힘을 빼고 좌우로 천천히 움직이면서 캔버스 전체를 브러시로 칠해줍니다.

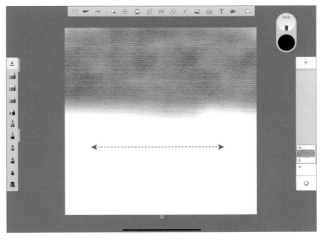

3

캔버스 전체를 칠한 다음 도면층 편집기에서 **'HSL 조정'**을 선택합니다.

4

여러 개의 조절 바가 등장합니다. 이 중 맨 아래의 조절 바를 이용할게요. 조절 바의 커서를 가장 밝은 오른쪽으로 맞추고 종료를 눌러주세요.

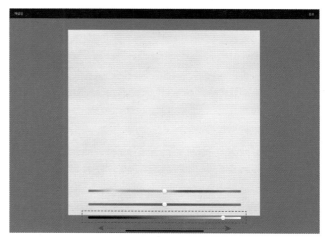

5

유화 캔버스 같은 질감의 캔버스가 완성되었습니다.

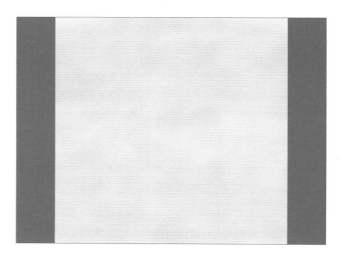

03 | 직접 찍은 사진을 사용해 라인 드로잉하기

선을 이용해 그림을 그리는 드로잉 기법을 라인 드로잉이라 합니다. 이번에는 사진을 이용해 라인 드로잉을 그리는 방법을 소개할게요. 사진의 배경은 그대로 두고 사진 속 인물이나 동물을 따라 그려서 이 세상에 단 하나밖에 없는 특별한 사진으로 재탄생시켜 보겠습니다. 가족이나 연인과 함께 찍은 사진이나 여행의 추억이 담긴 풍경 사진 등 다양한 곳에 활용할 수 있는 드로잉법이기도 합니다. 사진 속 피사체를 따라 선을 따듯 그리면 되기 때문에 아무것도 없는 캔버스 위에 그리는 것보다도 훨씬 쉬울 수 있어요. 자, 나만의 라인 드로잉을 시작해 봅시다.

1

'새 캔버스'를 생성한 후 '이미지 가져오기'로 사진을 불러옵니다. 두 손가락을 이용해서 사이즈와 위치를 조절한 후 '종료'를 눌러주세요.

 이미지 가져오기
위쪽 도구막대에 있어요.

2

'사진 레이어'의 불투명도를 45~50 정도로 낮추고 '새 레이어'를 추가하고 해당 레이어에서 그리고자 하는 피사체를 따라 라인을 따주세요.

★ 캔버스 사이즈 2500px×2500px 기준으로, 브러시 크기는 5정도로 설정하고 그리면 좋습니다.

3

라인을 모두 딴 후 브러시 사이즈를
조금 더 작게(3 정도로) 조정하여 내
부의 세밀한 선들을 따줍니다. 말풍
선 등을 추가하여 위트 있게 꾸며도
좋습니다.

4

'**사진 레이어**'와 '**라인 레이어**' 사이에
'**새 레이어**'를 생성한 후 '**테이퍼형 페
인트**' 브러시로 깔끔하게 기본 채색
을 해줍니다. 라인 밖으로 삐져나가
지 않도록 브러시 사이즈를 조절하
여 조심스럽게 색을 채워주세요.

 테이퍼형 페인트

5

특별한 무늬를 넣고 싶다면 브러시
라이브러리에서 '**하프 톤**' 브러시들
을 사용하면 좋습니다.

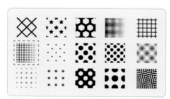

저는 '그리드 패턴 3' 브러시를 사용해 볼게요.

6

'연필 팔레트' 브러시를 이용해서 그림에 명암을 넣어줍니다.

7

밋밋한 배경을 좀 더 화려하게 꾸밀 수 있는 효과를 넣어 볼게요. **'사진 레이어'**의 바로 위쪽에 **'새 레이어'**를 생성한 후 해당 레이어의 **'혼합'** 모드를 **'오버레이'**로 바꾸어줍니다. **'가이드'** 도구를 이용해서 원하는 기울기를 맞추고 **'하프 톤'** 브러시들 중 원하는 브러시를 선택해 그림처럼 배경에 효과를 넣어줍니다. 나만의 라인 드로잉 이미지 완성!

 가이드

'가이드' 도구로 기울기를 맞출 때는 두 손가락을 이용해 보세요.

04 내가 그린 그림으로 배경화면 만들기

내 손으로 직접 그린 그림! 보기만 해도 뿌듯해집니다. 스마트폰이나 태블릿PC 등 자주 사용하는 디지털 기기에 내가 그린 그림으로 만든 배경화면이 떠억 하니 띄워져 있다면 얼마나 좋을까요? 나만의 배경화면 만드는 방법을 소개합니다.

1

배경화면으로 만들고 싶은 그림의 배경을 투명하게 만들어서 디지털 기기에 저장합니다.
저장하는 법은 44쪽을 참고해 주세요.

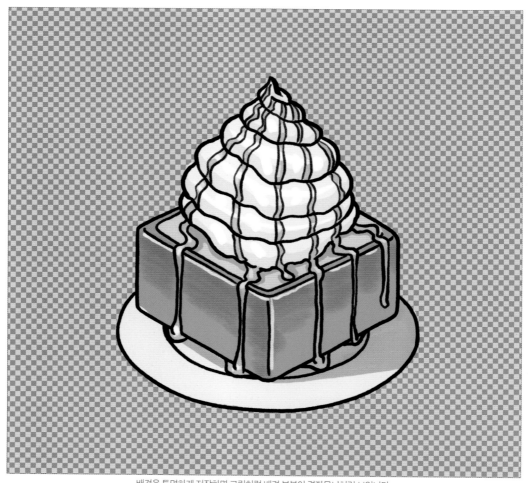

배경을 투명하게 저장하면 그림처럼 배경 부분이 격자무늬처럼 보입니다.

2

만들고자 하는 배경화면의 사이즈를 알아야 합니다. 드로잉 작업 중인 디지털 기기의 배경화면으로 만들고 싶다면, **'새 캔버스'**를 누르면 나오는 캔버스 사이즈 중 맨 위쪽에 있는 화면 사이즈를 눌러주세요(화면 사이즈에 따라 각각 다르게 나옵니다).

다른 기기의 배경화면으로 만들고 싶다면, 해당 사이즈를 따로 적어두고 그 사이즈에 맞게 사용자 지정 크기로 새 캔버스를 생성하면 됩니다.

아이패드

아이패드의 경우에는 '사전 설정'을 누르고 가장 아래쪽의 '화면 해상도'를 눌러 주세요.

갤럭시 탭 S7

갤럭시 탭 S7 화면상에서의 캔버스 생성

갤럭시 노트10

갤럭시 노트10 화면상에서의 캔버스 생성

3

저는 갤럭시 노트 배경화면을 만들어 보겠습니다. **'새 캔버스'**를 생성하고 **'이미지 가져오기'**를 이용해서 배경화면에 쓰고자 하는 이미지를 불러옵니다.

 이미지 가져오기
위쪽 도구막대에 있어요.

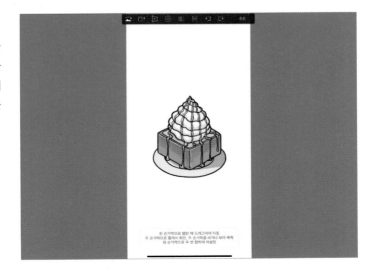

4

'새 레이어'를 추가한 후 레이어를 끌
어서 맨 아래쪽으로 순서를 내려줍
니다. 새 레이어에서 **'가이드'** 도구와
'연필 팔레트'를 이용해서 스트라이
프 배경을 그려줍니다.

 가이드

 연필 팔레트

 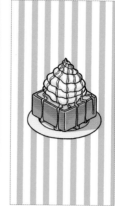

5

'새 레이어'를 추가하여 글씨나 장식 등을 넣어 꾸며주세요. **'그리기 스타일'** 도구를
이용해서 테두리도 그려줍니다.

 그리기 스타일

DRAWING TIP **'그리기 스타일' 도구 사용하기**

 도구막대에 있는 '그리기 스타일' 도구를 이용하면 현재 선택되어 있는
브러시의 종류와 사이즈에 따라 다르게 그려집니다. 적절한 값을 조절
하면서 내가 원하는 모양이 나오도록 그려보세요. PC 버전을 사용할
경우 'Shift' 키를 누르고 그리면 정사각형, 정원을 그릴 수 있습니다.

6

'배경 레이어'를 이용해서 배경 색상
을 바꾸어 준 후 기기에 저장하면 완
성! 저장한 그림을 배경화면으로 적
용해 보세요.

일상에서 자주 사용하는 물건에 내가 그린 그림을 새길 수 있다면 얼마나 좋을까요? 휴대폰 케이스, 무선이어폰 케이스부터 스티커나 카드, 에코백까지 내가 그린 그림을 새겨서 나만의 굿즈를 만들 수 있는 추천 사이트를 소개합니다.

케이스 마이 케이스　　www.casemycase.com

내가 그린 그림을 이용해 직접 휴대폰 케이스를 제작할 수 있는 사이트입니다. 이 외에도 무선이어폰 케이스, 스마트톡도 제작할 수 있습니다.

스냅스　　www.snaps.com

사진 인화 사이트로 유명하지만, 내가 그린 그림으로 스티커를 제작할 수도 있어요. 이미지를 삽입하면 자동으로 칼선을 따주는 기능이 있어 더욱 편리합니다. 원하는 대로 자유롭게 배치하여 만들 수 있는 DIY 스티커, 원형 스티커, 네임 스티커 등 여러 가지 디자인으로 제작이 가능해요.

오프린트미　　www.ohprint.me

엽서, 카드, 달력, 에코백까지 다양한 굿즈를 내가 그린 그림을 넣어 제작할 수 있는 사이트. 소량도 제작이 가능해 편리합니다.

위드굿즈　　withgoods.net

유리컵, 맥주잔, 텀블러, 머그컵 등 다양한 컵에 나만의 그림을 새겨서 제작할 수 있습니다. 이 밖에도 쿠션과 패브릭 포스터까지 다양한 굿즈도 제작 가능합니다.

부록 PNG 도안 파일 사용하기

더 쉽고 재미있게 디지털 드로잉을 즐길 수 있도록 책 속에 등장하는 35점의 그림 도안 파일을 제공합니다. 중앙북스 홈페이지 내 자료실 코너(https://jbooks.joins.com/jbcenter/data_list.asp)를 방문하면, PNG 형식의 도안 파일을 다운로드받을 수 있습니다. 192~195쪽에 소개된 '도안 파일 활용하는 법'을 참고해 더욱 쉽고 편리하게 드로잉을 즐겨보세요.

★ 제공하는 도안 파일은 배경이 없는 PNG 형식의 이미지 파일로 수정이 불가합니다.

중앙북스 홈페이지 자료실 코너

책에서 소개하는 모든 그림의 도안 파일(PNG)

아직 드로잉이 서툴고 낯선 왕초보를 위한

도안 파일을 사용하여 색칠하기

1

홈페이지를 통해 도안 파일을 다운로드
받습니다. 오토데스크 스케치북을 실행
하고 도구막대의 '주 메뉴'를 누른 뒤 '갤
러리'를 눌러주세요. 그림과 같은 창이
뜨면 화면 아래 쪽의 '+' 아이콘을 눌러
줍니다.

2

'이미지에서 새로 만들기'를 선택하세요.

평소 드로잉과는 담을 쌓고 살았던 사람이라면, 디지털 드로잉이라고 해서 드로잉 실력이 갑자기 늘어나진 않습니다. 종이에 연필로 그리는 것보다는 훨씬 쉽고 편리하지만, 마음처럼 쉽게 그려지지 않는 건 매한가지일 겁니다. 하지만 걱정하지 마세요. 못 그려도 좋으니 자신 있게 그려보는 것과 많이 그려보면서 실력을 쌓아가는 것이 중요하니까요. 이런 분들을 위해 스케치, 라인 작업을 건너뛰고 채색 작업부터 시작하여 드로잉과 친해질 수 있는 활용법을 소개할게요. 마치 컬러링북에 색칠을 하는 것처럼요.

3

'사진 가져오기'를 선택한 후 다운로드 받은 도안 이미지를 불러옵니다.

4

사이즈는 수정하지 않고 바로 '작성'을 눌러주세요.

DRAWING TIP

기기의 사양이 낮다면 사이즈를 가로세로 1500px~2000px로 줄여도 됩니다.

5

그림과 같은 화면이 뜰 겁니다. 여기서
도면층 편집기 위쪽 '+' 아이콘을 누르고
'새 레이어'를 추가한 후 '도안 레이어' 아
래로 순서를 이동시켜 주세요.

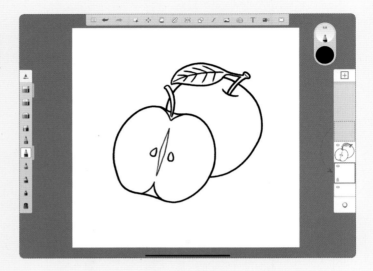

6

이제 여기에 내가 원하는 대로 색을 칠
해 그림을 완성해 주세요.

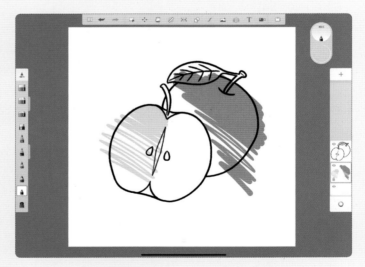

도안 파일에 변화를 주고 싶다면

도안 파일은 배경 없이 라인만 그려져 있는 PNG 형식의 이미지 파일입니다. 도면층이 살아있지 않기 때문에 라인 자체를 수정할 수는 없습니다. 하지만, 몇 가지 기능을 활용하면 도안 파일을 활용하여 전혀 다른 분위기의 그림을 그릴 수도 있습니다.

① 라인 모양 바꾸기

'도안 레이어' 두 번 터치하면 나오는 패널에서 '불투명도'를 30 정도로 조정합니다. 도안이 살짝 흐릿해질 거예요. '새 레이어'를 추가하여 도안을 따라 라인 작업을 해주세요. 라인 작업 전, 브러시 패널에서 내가 원하는 브러시 종류와 크기를 설정한 후 라인을 그려주면 기존 도안과는 다른 모양의 라인으로 그릴 수 있습니다.

② 라인 색 바꾸기

불러온 도안 파일의 레이어에서 '레이어 투명도 잠금' 아이콘을 터치해서 레이어의 투명도를 잠궈줍니다. 그 상태에서 원하는 색을 설정한 후 브러시로 칠하면 도안 파일 속 라인이 원하는 색으로 변합니다. 배경색을 넣어 또 다른 분위기의 그림으로도 만들 수 있습니다.

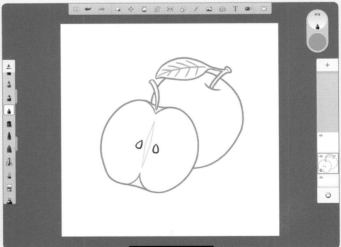

자신 있어
아이패드＆갤럭시 탭 드로잉

———

초판 1쇄 2021년 4월 26일
초판 4쇄 2024년 8월 5일

지은이 | 이솔기

발행인 | 박장희
대표이사·제작총괄 | 정철근
본부장 | 이정아
파트장 | 문주미

기획위원 | 박정호

마케팅 | 김주희, 이현지, 한륜아
디자인 | 변바희, 김미연

발행처 | 중앙일보에스(주)
주소 | (03909) 서울시 마포구 상암산로 48-6
등록 | 2008년 1월 25일 제2014-000178호
문의 | jbooks@joongang.co.kr
홈페이지 | jbooks.joins.com
네이버 포스트 | post.naver.com/joongangbooks
인스타그램 | @j__books

ⓒ이솔기, 2021

ISBN 978-89-278-1213-5 13000

중앙books는 중앙일보에스(주)의 단행본 출판 브랜드입니다.